日本最热门趣味心理说明书

每天懂一点
好玩心理学

[日] 原田玲仁＝著　　郭 勇＝译

陕西师范大学出版社

图书在版编目（CIP）数据

每天懂一点好玩心理学 /（日）原田玲仁著；郭勇译 .
—西安：陕西师范大学出版社，2009.10
ISBN 978-7-5613-4884-0

I. 每… Ⅱ . ①原…②郭… Ⅲ . 心理学 – 通俗读物 Ⅳ .B84-49
中国版本图书馆 CIP 数据核字（2009）第 176454 号

著作权合同登记号：陕版出图字 25-2009-128
图书代号：SK9N0982
上架建议：心理学·时尚读物

“每天懂一点”轻悦读书系
每天懂一点·好玩心理学
著者：（日）原田玲仁
译者：郭勇
责任编辑：周　宏
特约编辑：李彩萍
装帧设计：张丽娜
出版发行：陕西师范大学出版社
（西安市陕西师大 120 信箱 邮编：710062）
印刷：北京京都六环印刷厂
开本：880 × 1230 1/32
字数：100 千字
印张：6.5
版次：2009 年 12 月第 1 版
印次：2010 年 9 月第 5 次印刷
ISBN：978-7-5613-4884-0
定价：28.00 元

前言

走进书店，在心理学书籍的书架前，您会发现有关心理学的书种类繁多。这可让有心研究心理学的读者犯了难。选择一本适合自己的心理学读物可真是不容易。内容太简单吧，读起来不解渴，总有意犹未尽的感觉；内容太难吧，又不好理解，读着读着就失去了兴趣。对于读者来说，浅显易懂固然重要，但是如果内容过于简单，则学不到实在的知识。其实，只要表现方法运用得当，难以理解的理论知识也不会再显得枯燥乏味。

抱着这样的想法，我努力为大家编写了一本“既浅显易懂，又富有内涵”的心理学读物。本书以心理学的基本理论为中心，辅以众多心理学家的研究结果和最新的报告数据，可以说是一本“心理学入门读物”。读了本书后，希望您能对心理活动和行为产生兴趣。您既可以先看漫画再读解说，也可以读过解说之后再看漫画。书中漫画的内容，有时会离题万里，目的就是为了博您一笑。只要您感到有趣，对它的记忆就会尤为深刻。

接下来，我简单为大家介绍一下本书的读法。基本上来说，从哪一章节读起都无所谓。为了帮您巩固心理学的基础知识，我为您准备了“序章”。在序章中，对心理学的概况、历史、门类等进行了一个简单的概括。如果您已经掌握了这些知识，可以略过去读其他章节。如果您第一次接触心理学，最好花点时间读一下序章。

第一章介绍的是深层心理学和性格心理学。其中，对梦形成的原理和种类进行了解析，对发怒、哭泣等行为的意义做了解释，还对人类的深层心理进行了初步的探讨。希望通过这一章的讲解，能帮您正确认识自己的内心，并激发您进一步认识自己的兴趣。

第二章讲的是社会心理学，主要介绍人在社会中所采取的各种行为与心理学之间的联系。比如，眼看别人遇到困难却不去帮忙的心理，看到有人排队自己也想加入其中的心理等，并通过这些实例考察人在社会中的行为。

第三章介绍的是恋爱心理学。人为什么要恋爱？怎样做才能让对方感觉到自己的好意？如何经营感情，才能使夫妻恩爱、家庭幸福美满呢？

第四章介绍的是认知心理学，主要讲我们平时所见、所闻和记忆中人的行为，以及有趣的心理效果。在这一章中，我省略了晦涩难懂的专业术语解说，尽量用风趣幽默的语言进行讲解。

第五章则是一个大杂烩，介绍了各种各样的心理学，比如音乐心理学、运动心理学等。本章将通过诸多趣闻逸事，为您生动地介绍不同门类的心理学。

第六章是心理学的应用篇。我将设定各种实际情况，帮您分析在各种不同情况下应该运用哪种心理学及其心理效果。

也就是说，读过本书后，您就可以做到“知己”（第一章）

→“知彼”（第二章）→“理解恋爱的本质”（第三章）→“理解眼睛、耳朵的工作原理”（第四章）→“理解各种各样的心理效果”（第五章）→“将心理学应用于实践”（第六章）。本书的章节设置，刚好是研究、学习、应用心理学的一个完整流程。

我本人研究的专业是色彩心理学，所以本书中很多地方都是从色彩心理学的角度来分析的。这是其他心理学书籍中没有的，希望能给您带来不一样的新鲜感。此外，为了提高内容的准确性和可信度，我还专门向心理医生寻求了诸多专业意见。

再者，在这本的封面和内文的漫画中出现了很多猴子。乍看上去，也许您会觉得奇怪，怀疑这本书的严肃性。其实不然，我是想通过猴子们的滑稽表演，帮您更轻松地理解深奥的心理学知识，这样您就不会感觉乏味了。

掌握一定的心理学知识，可以使您与别人的交往变得顺利。也许，您还能由此成为游刃有余的社交高手呢。不仅如此，您还会发现以前未曾了解的真实自我，从而进行自我启发。总之，心理学是一门非常有趣又实用的学问。

和之前的《每天懂一点·色彩心理学》一样，这本书的漫画、插图中，依然会有头戴花朵的猴子登场表演，它们头顶花朵的颜色和形状能代表当时的感情和情绪。我把它们称为“样本猴”，它是日本猴的亚种。作为稀有物种，“样本猴”的行为方式与我们人类非常接近。所以，我在这本书里请它们来帮忙做实验并进行讲解。

木瓜制造 ／ 原田玲仁

每天懂一点·好玩心理学/目录

CONTENTS

第二章　乘电梯的时候，人为什么总是往上看？（社会心理学篇）

私人空间、同调行为、光环效应、餐桌技巧……了解行为背后的动机！

CONTENTS

每天懂一点·好玩心理学／目录

第三章　为什么酒吧都很昏暗？（恋爱心理学篇）

爱情是被荷尔蒙冲昏头脑的结果吗？其实，爱情也是一门科学。

第四章　知觉与记忆的不可思议性（认知心理学篇）

眼睛和耳朵可信吗？看看它们怎么工作的！

第五章 各种各样的心理学（产业、发展、犯罪、色彩心理学等）

心理学的大杂烩，专拣逸闻趣事让你笑着读完！

第六章 方便实用的心理学（心理学应用篇）

与老板斗、与同事斗、与夫斗、与妻斗，掌握心理学后都其乐无穷！

CONTENTS

每天懂一点·好玩心理学/目录

序章

什么是心理学？

正式讲解心理学之前，我们先来看几个案例。序章中将为大家简单阐述恋爱的心理效果、心理学概论和历史等知识。了解了心理学的背景知识，我们会对它更加感兴趣。

罗密欧与朱丽叶效应

~ 当恋爱遇到阻力，反而会激发人的热情 ~

首先，我要为大家介绍人类有趣的行为和心理。其中，特别要提到恋爱，恋爱可以引发很多不可思议的心理效应。比如，相恋的男女，当遇到外界的阻力时，反而会促成他们的姻缘。一般情况下，我们会认为门当户对、没有任何阻力、受到周围人祝福的爱情才会发展得比较顺利。实际上，越是受到外界的阻力，比如双方父母的强烈反对，越能加深恋人之间的感情。在电视剧中，我们经常会看到这样的情节：当有别人追求自己的恋爱对象时，即出现情敌时，自己对恋爱对象的感情会变得更加强烈。在心理学上，这种现象被称为“罗密欧与朱丽叶效应”。

《罗密欧与朱丽叶》是莎士比亚的一部戏剧。故事发生在十四世纪意大利的两个积怨很深、相互争斗的家族之间。两个家族的独生子和独生女罗密欧与朱丽叶相恋了，他们的爱情受到多方阻挠，但两个年轻人决心冲破重重障碍，将忠贞的爱情轰轰烈烈地进行到底。双方的家人越是反对，两个人的心贴得越紧。

当彼此相爱的两个人遇到障碍、不得不分手时，人会产生一种“不协和感”（不快感）。此时，要消除这种“不协和感”的心理效应就开始起作用。由于人的心理无法改变外界障碍的现状，于是就加深感情以逾越障碍。此外，人们还会产生错觉，把战胜困难的力量误认为是爱情的力量，把逾越障碍的成就感转换为恋爱的感情。

很多为了躲避家人的反对而私奔的情侣，在别人眼中他们演绎的是“轰轰烈烈的爱情”，但出人意料的是，这样成就的婚姻很多最终都走向了离婚。受外界阻力而激发升温的爱情，往往经受不住悲伤的考验。两个人一旦遇到悲伤的挫折，爱情就容易产生裂痕。

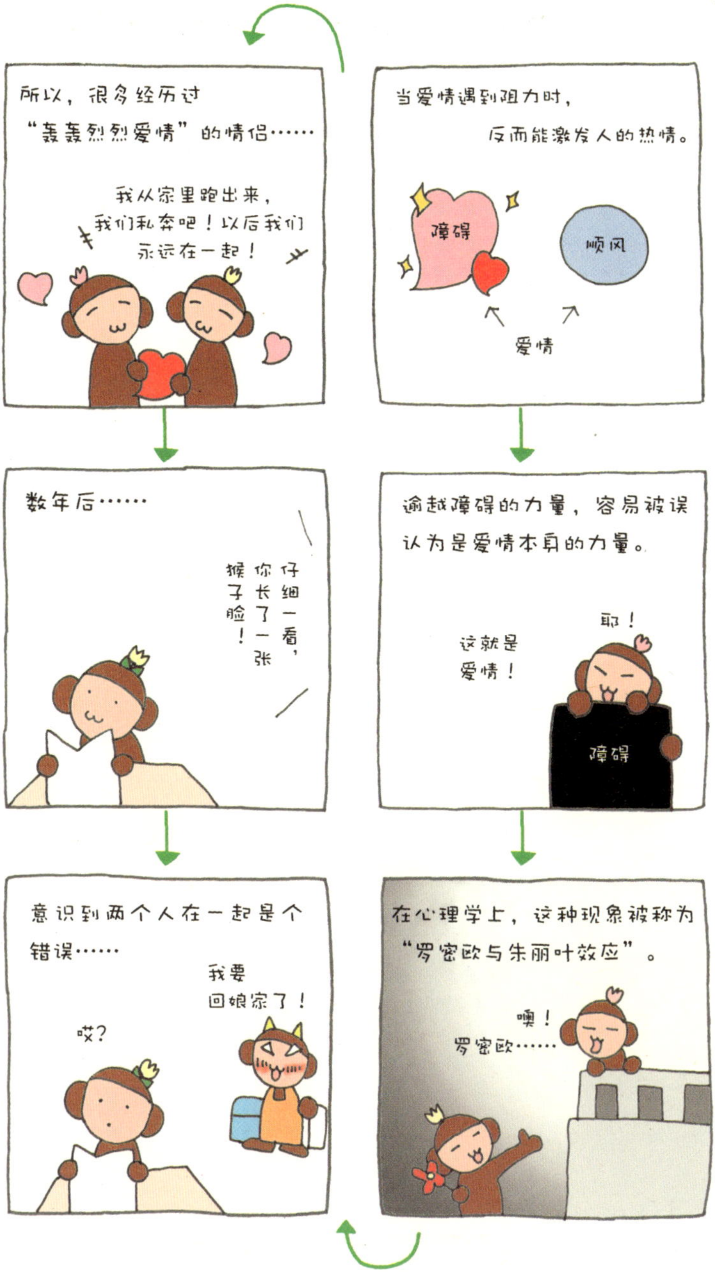
当爱情遇到阻力时，
反而能激发人的热情。
障碍
顺风
爱情
逾越障碍的力量，容易被误认为是爱情本身的力量。
这就是爱情！
耶！
障碍
在心理学上，这种现象被称为“罗密欧与朱丽叶效应”。
噢！罗密欧……
所以，很多经历过“轰轰烈烈爱情”的情侣……
我从家里跑出来，我们私奔吧！以后我们永远在一起！
数年后……
仔细一看，你长了一张猴子脸！
意识到两个人在一起是个错误……
我要回娘家了！
哎？

泰坦尼克效应

~ 罗密欧与朱丽叶效应如果再加上特殊状况，效果会更强 ~

我想大家都看过电影《泰坦尼克号》，其中的男女主角杰克和罗丝就是冲破障碍彼此相恋的情侣。杰克是一个心怀梦想的穷小子，他想成为一名画家，而罗丝是上流社会家庭的千金小姐。罗丝有保守的父母和资本家子弟的未婚夫，这都成为她与杰克交往的障碍。在这部电影作品中，“罗密欧与朱丽叶效应”是主题，但除了阻挠爱情的障碍之外，还有一个重要因素不能忽视，那就是特定的环境——船上，我们将其称为“泰坦尼克效应”。

假设您和朋友一同去人迹罕至的亚马逊腹地旅行，偶然遇到了一位让您心仪的女性。您对这位女性可谓一见钟情，但同时您也发现，朋友也喜欢上了这位女性。你们邀请这位女性同行。在和这位女性接触的一天时间里，您感觉时间过得很慢，每一秒都很难耐。那是因为您陷入了左右为难的境地。友情固然重要，但萌发的爱意又无法抑制，该怎么办呢？

上述情况就是恋爱中典型的“泰坦尼克效应”。如果继续发展下去，您有可能陷入友情与爱情的双重危机之中。

此外，《泰坦尼克号》中的罗丝，并没有像朱丽叶那样为追随爱人选择自杀。罗丝受到杰克的感化，选择坚强地生活下去。与悲剧结局的《罗密欧与朱丽叶》不同，《泰坦尼克号》中的罗丝被塑造成了一个坚强的女性形象。这部影片虽然使用了“泰坦尼克效应”的背景，但表达的是积极面对爱情、勇敢生活下去的愿望。

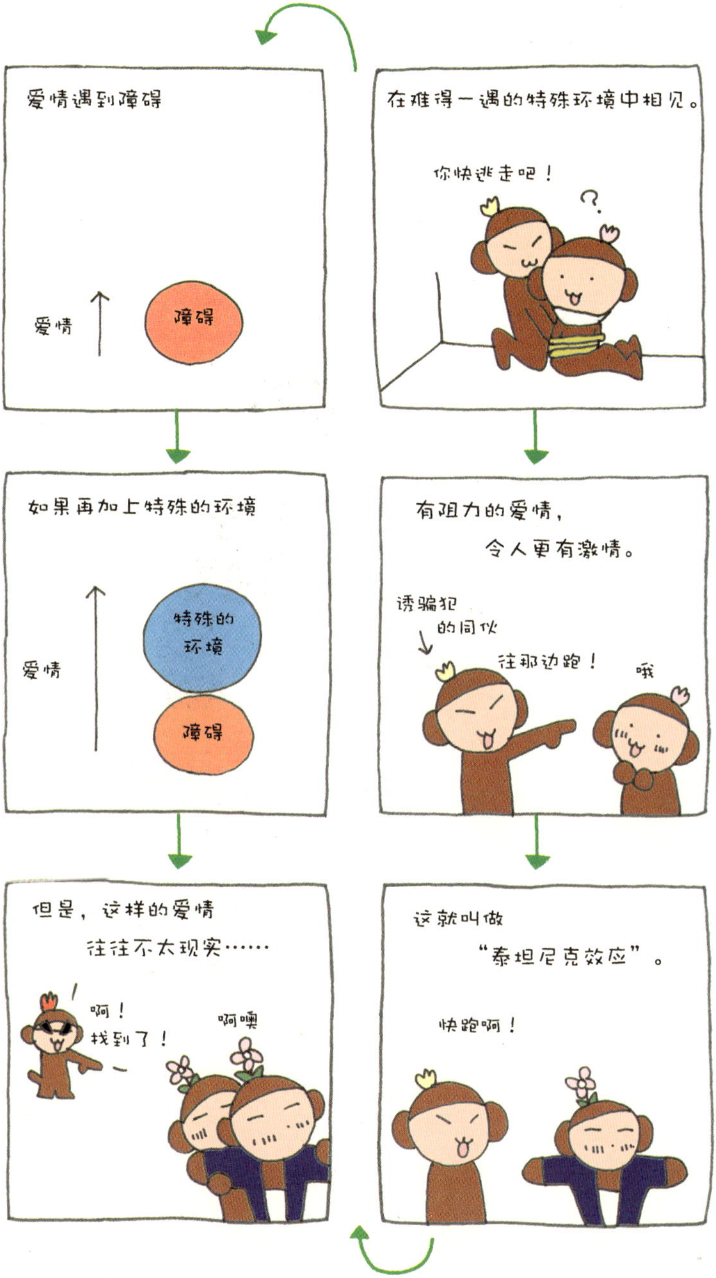
爱情遇到障碍
爱情
障碍
如果再加上特殊的环境
爱情
特殊的环境
障碍
但是，这样的爱情
往往不太现实……
啊！
找到了！
啊噢
在难得一遇的特殊环境中相见。
你快逃走吧！
?
有阻力的爱情，
令人更有激情。
诱骗犯的同伙
往那边跑！
哦
这就叫做
“泰坦尼克效应”。
快跑啊！

视觉并不可靠？

~ 人的心理会干扰视觉的正常工作 ~

俗话说“耳听为虚，眼见为实”，人们感知到的很多信息都是通过视觉获得的。据统计，在五官中，视觉获得的信息占 80% 以上。可遗憾的是，视觉获得的信息并不可靠。请您看下面的图，只看 2 秒钟，然后接着往下读。

图中画的是在餐厅中，因在食物中发现虫子而怒不可遏的顾客和不停道歉的服务生。接下来，我问您一个问题。图中有一个人手里拿着刀子，请问是哪个人？（请不要再去看图，凭记忆回答。）

如果看得不仔细，大多数人会认为穿紫色衬衫或红色衬衫的客人手里拿着刀。那么，请再看一看前一页的图。原来刀子在服务生手中，两位客人都没有拿刀。（能正确回答这个问题的人，具有敏锐的洞察力。如果您的回答是后面的猴子，说明您想得太多了，哈哈！）

为什么大多数人会回答是客人手里拿着刀呢？那是因为这个情景发生在餐厅里，而常识告诉我们，客人用餐才会拿餐刀。此外，还有的朋友观察到两个客人的面相比较凶悍，可能与黑社会有关，所以先入为主地认为他们手里拿着刀。这个测验说明固定观念和常识等因素甚至可以左右人们视觉的记忆。

在现实生活中，警察在进行犯罪调查需要询问目击者时，目击者的叙述有时也会受到先入为主的观念的影响。有人认为自己看到的人与凶犯非常相似，也许他并没有看清那个人手里拿着什么，却会认定他手里拿的是凶器。因此，有些证人的证词反而会将案件调查引入歧途。这也说明人是可以通过想象来制造印象的。

什么是心理学？

~ 科学地研究人类心理的学问 ~

前面已经为大家介绍了几个有关心理学的例子，可是心理学到底是什么样的学问呢？恐怕您还没有一个具体的概念。人看到漂亮的花朵会感觉赏心悦目，看了感人的电影会痛哭流涕，这些都是心理活动产生的结果。简单而言，心理学就是观察人类的行为、分析行为的理由和原因、研究心理活动的学问。简言之，心理学就是科学地研究人类心理的学问。

实际上，人类的心理非常不可思议。有时，明明是自己喜欢的人，却故意冷落他，面对不喜欢的人反倒热情相待，而事后往往后悔不已。“喜欢”和“讨厌”的本质到底是什么呢？实际上，这些行为和思维的背后是有一定原因的。如果能找出其中的缘由，人就可以更透彻地了解自己，在人际交往中也能避免很多不必要的麻烦。总而言之，心理学就像指南针一样，可以指导我们更好地了解自己、认识他人。

心理学的应用范围很广。例如，在东京新宿的夜总会，酒水促销小姐就要研究顾客的心理，然后采取相应的对策哄顾客高兴，让他们买更贵的酒水，喝更多的酒。业绩好的酒水促销小姐都是经过反复实践、失败、再实践才取得了促销的真经。这利用的就是通过对方的行为分析其心理状态的心理学。

不过，心理学的应用并不局限于人际交往。通过研究发生自然灾害时人们的心理，可以制定出最合理的避难措施；通过研究罪犯的心理，可以采取适当的措施有效减少犯罪，并改造罪犯的人格；还可以通过心理学研究，纠正人类视觉的错觉。总之，心理学的应用范围非常广，与此同时它还是一门非常深奥的学问。

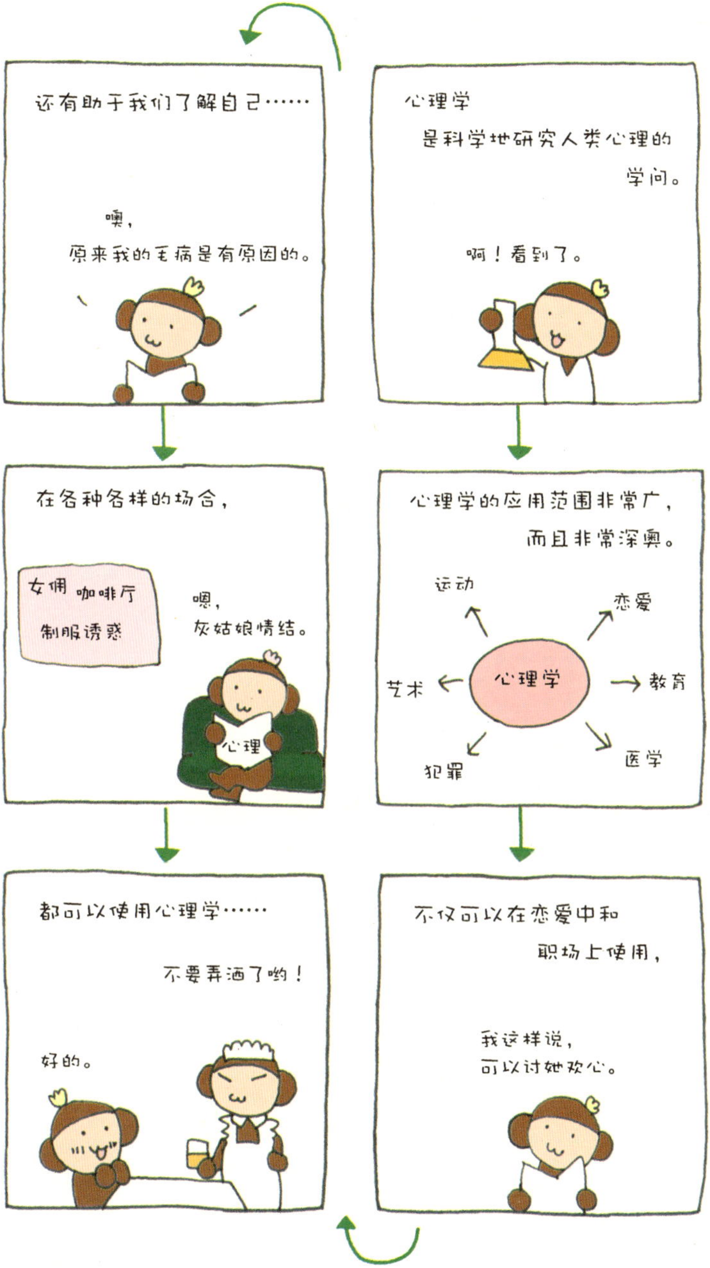
心理学
是科学地研究人类心理的
学问。
啊！看到了。
心理学的应用范围非常广，
而且非常深奥。
运动
恋爱
艺术
心理学
教育
犯罪
医学
不仅可以在恋爱中和
职场上使用，
我这样说，
可以讨她欢心。
还有助于我们了解自己……
噢，
原来我的毛病是有原因的。
在各种各样的场合，
女佣 咖啡厅
制服诱惑
嗯，
灰姑娘情结。
心理
都可以使用心理学……
不要弄洒了哟！
好的。

心理学的历史（1）

~心理学研究始于古希腊时代~

1. 希腊哲学时代

我们很难为心理学的诞生划定一个准确的时间段。如果把理论性地研究人的心理作为心理学的开端，那么就要追溯到古希腊时代了。当时，心理学属于哲学的范畴。哲学家亚里士多德认为，人眼看到的信息在心脏转化为“心理”。柏拉图则认为，人的心理是独立于肉体存在的。人死之后，心理会作为“本质”继续留存下去。真庆幸自己没有出生在古希腊时代，心理学在当时真是一种令人难以捉摸的东西。

2. 德国心理学家冯特的出现

对于心理学来说，19 世纪德国心理学家冯特的出现是一个重大的转折点。冯特将心理学从哲学中分离出来，他尝试着用科学的实验方法来研究人的心理。冯特在德意志大学开设了心理学实验室（研究室）。从此之后，便有欧洲各地、美国甚至日本的学者来到冯特的实验室，跟随他学习心理学。这就是近代心理学的开端。

3. 三个心理学流派

后来，冯特的实验心理学分化为三个较大的分支。一个是提倡用统一的形态来把握心理的形态心理学；第二个是瓦特生提出的对人的行为进行客观研究的行为主义心理学；还有一个就是弗洛伊德创造的精神分析学。

心理学首次
成为一门独立的学问。
心理学
拜拜
拜拜
哲学
那我们的算什么？
你们的是
难懂的哲学。
柏拉图
亚里士多德
怎么做、
怎么想，
是哲学！
你说心理
是“本质”
……
不要吵！
德国心理学家冯特
于1879年开设了
心理学实验室。
内观法
冯特通过实验来
研究心理学。
这个是……
数据

心理学的历史（2）

～从弗洛伊德到荣格、阿德勒～

4. 弗洛伊德的精神分析

弗洛伊德创造的精神分析法认为，在人类行为的背后有一种叫做“无意识”的东西。精神分析法主要用于分析心理构成和进行心理治疗。说到弗洛伊德，在百年后的现代心理学界可谓赫赫有名的人物，但在当时，他的观点却是不被认可的异端思想。不过后来，弗洛伊德的精神分析法不仅给心理学、医学带来了巨大影响，甚至对艺术和政治思想等各种各样的领域都带产生了很大的影响。

5. 荣格的分析心理学

荣格是弗洛伊德的学生，他对弗洛伊德理论中关于“无意识”的部分进行了独创性的解释。他认为“无意识”分两种，还创建了自己的分析心理学理论。荣格的分析心理学理论认为，除了普遍的无意识之外，还存在一种具有个人差异的、后天产生的叫做“情结”的无意识。荣格的思想与弗洛伊德截然不同。荣格的研究超越了心理学的范畴，涉及到了灵魂的领域。

6. 阿德勒心理学

阿德勒曾与弗洛伊德一同研究心理学，但后来离开了弗洛伊德。阿德勒最初对弗洛伊德的精神分析抱有浓厚的兴趣，但后来他所关注的焦点从精神内部转向了人际关系中，并创造出实践性的个人心理学。其有关帮助孩子自立并发展社会性的方法、以及老年精神护理等方法，至今还得到了广泛应用。阿德勒虽然在全世界范围内的知名度并不高，但他的阿德勒心理学（个人心理学）在日本的人气却非常高。

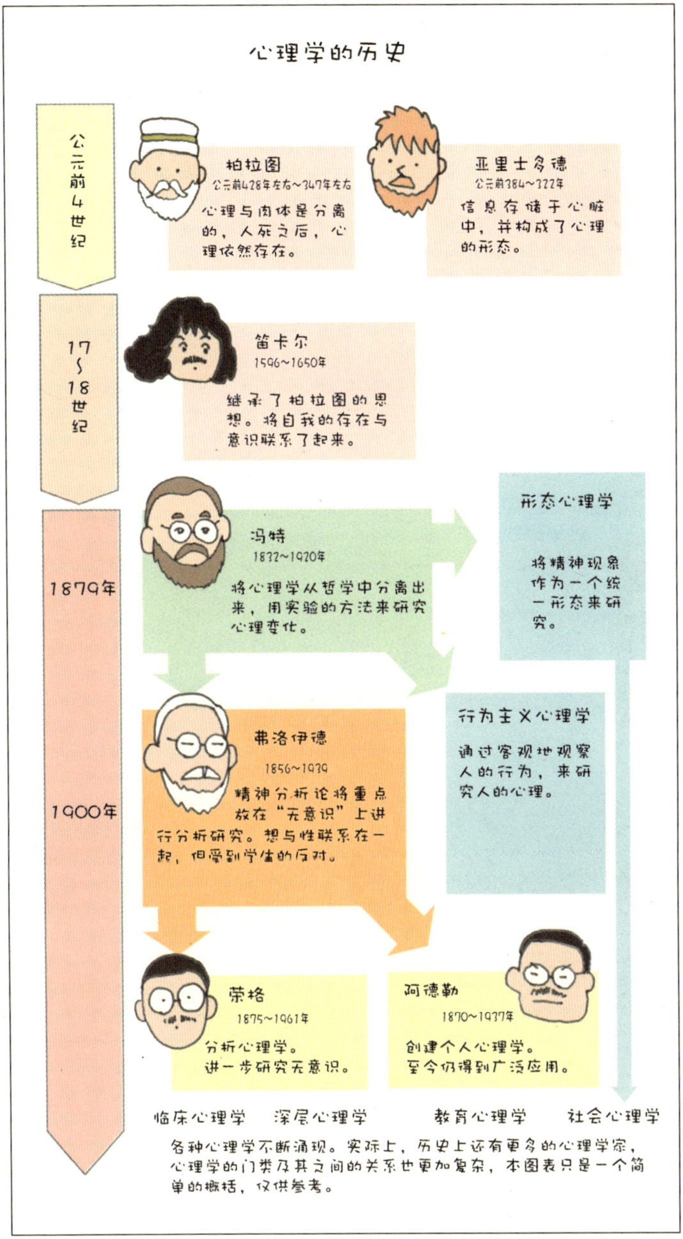
心理学的历史
公元前4世纪
柏拉图
公元前428年左右~347年左右
心理与肉体是分离的，人死之后，心理依然存在。
亚里士多德
公元前384~322年
信息存储于心脏中，并构成了心理的形态。
17~18世纪
笛卡尔
1596~1650年
继承了柏拉图的思想。将自我的存在与意识联系了起来。
1879年
冯特
1832~1920年
将心理学从哲学中分离出来，用实验的方法来研究心理变化。
形态心理学
将精神现象作为一个统一形态来研究。
1900年
弗洛伊德
1856~1939
精神分析论将重点放在“无意识”上进行分析研究。想与性联系在一起，但受到学术的反对。
行为主义心理学
通过客观地观察人的行为，来研究人的心理。
荣格
1875~1961年
分析心理学。
进一步研究无意识。
阿德勒
1870~1937年
创建个人心理学。
至今仍得到广泛应用。
临床心理学
深层心理学
教育心理学
社会心理学
各种心理学不断涌现。实际上，历史上还有更多的心理学家，心理学的门类及其之间的关系也更加复杂，本图表只是一个简单的概括，仅供参考。

心理学的种类

~心理学种类繁多~

心理学从哲学中分离出来已经有一百多年的历史了，不过仍可以说它是一门新的学问。由于心理学研究对象的范围十分广泛，短时间之内就派生出很多种类，从而适应各种各样领域的需要。于是，如何给心理学分类就成为一个麻烦的问题。

不同的心理学家有不同的分类方法，其解释也各不相同。一种心理效应往往与多个种类的心理学相关，因而，究竟该将其归类到哪个种类的心理学就非常困难。不过，将其归类并不重要，而且这也不是心理学研究的本质。在这里，我只列举一些具有代表性的心理学分类，供大家参考。

■基础心理学

认知心理学	研究知觉和记忆的心理学。“错视”等都属于这种心理学研究的范畴。
发展心理学	研究人成长过程的心理、心智发展的过程等。
社会心理学	研究个人或群体在群体和社会中的行为等。
感情心理学	研究感情给身体带来的影响以及感情产生的原理等。

※ 此外，还有异常心理学、人格心理学、生理心理学、语言心理学等。

■应用心理学

临床心理学	研究治疗心理问题的方法，用于临床治疗的心理学。
性格心理学	研究性格形成的因素，对性格进行分类的心理学。
教育心理学	将心理学应用于教育第一线，达到提高教育效果的目的。
犯罪心理学	不仅研究罪犯的心理，还研究预防犯罪的方法。
色彩心理学	研究色彩带给人的心理效应。也有人将其归入认知心理学的范畴。

※ 此外，还有产业心理学 / 灾害心理学 / 运动心理学 / 环境心理学 / 交通心理学 / 民族心理学 / 空间心理学 / 广告心理学等。

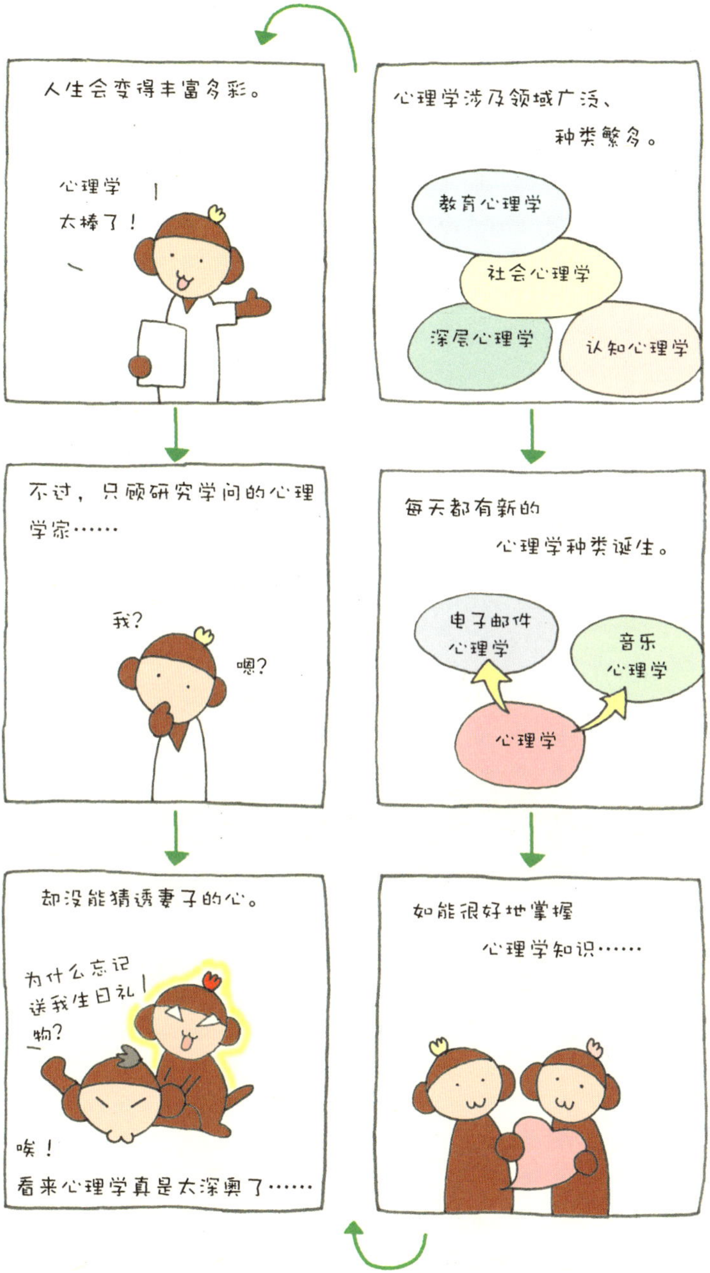

心理学涉及领域广泛、
种类繁多。
教育心理学
社会心理学
深层心理学
认知心理学
每天都有新的
心理学种类诞生。
电子邮件
心理学
音乐
心理学
心理学
如能很好地掌握
心理学知识……
人生会变得丰富多彩。
心理学
太棒了！
不过，只顾研究学问的心理
学家……
我？
嗯？
却没能猜透妻子的心。
为什么忘记
送我生日礼
物？
唉！
看来心理学真是太深奥了……

周公很忙，解梦看这里。
血型性格准么，不过是图方便而已。

第一章

不曾了解的真实自我

（深层心理学与性格心理学篇）

这一章中，我们将从多种角度来探讨人的深层心理，分析人的性格和感情。通过反复地检讨、分析自己，您将发现一个自己从未了解的真实自我。自己的真实状态和心理活动是非常有趣的。

梦，让您发现真实的自我

~ 做梦的日子与不做梦的日子 ~

有时早上醒来，您会伸个懒腰说：“啊，昨晚又做梦了。”有时，您也会说：“昨晚一个梦也没做。”如果做梦了，梦里的内容肯定是丰富多彩的。有时，梦中的情节会有个完整的过程，有时却会梦到莫名其妙、难以理解的形象或事情。有时，多年不见的朋友会突然出现在梦中。当我们醒来时，有些梦我们记得很清楚，甚至连细节都能回忆起来，而有的梦只剩下支离破碎的片断，甚至完全模糊不清了。

人在睡眠时，有两种状态交替出现，一种是脑和身体都休息的状态（即 REM 睡眠），另外一种是脑清醒但身体休息的状态（即 NONE-REM 睡眠）。人主要在脑清醒的睡眠状态下做梦（但最近的科学研究发现，在脑休息的状态下，人也会做梦）。

精神分析学家弗洛伊德认为，人会把愿望埋藏在内心深处。处于清醒状态时，意识会抑制愿望。而当人入睡后，意识的控制就放松了，内心深处的愿望会影像化，于是便形成了梦。人进入睡眠状态后，虽然意识的控制放松了，但并非完全失去控制。当梦中的内容过度刺激意识时，这些内容会被埋藏进内心深处。这就是我们醒来后回忆不起来的梦。实际上，我们每天都会做梦。说是没有做梦，其实是想不起来了。一个人平均每天要做 4~5 个梦，照这么计算，每年大约要做 1300 个梦，而一辈子大约要做 10 万个梦。

人是非常贪图安逸的，那些对自己不好的事情，我们会主动忘记。这叫做自我保护。也就是说，从不做梦的人，也可以说他们天天都在做噩梦，只是醒来后都不记得罢了。

不是没有做梦，
而是想不起来了。
人每天要做4～5个梦。
人一辈子总共要做10万个梦，但其中有9万5千个都会忘记。
所以，你把和客户约定的会面时间忘记了，也是没有办法的事咯？
是的。
部长
部长
你被开除了！
哎？

梦，让您发现真实的自我

~人为什么会做梦？~

那么，人的愿望为什么会被影像化、以梦的形式呈现出来呢？到目前为止，还没有发现人做梦的真正原因。关于梦的成因，各个学派的说法不一，争论异常激烈。总之，关于梦的原理目前还处于研究阶段。

关于梦的成因众说纷纭，其中不乏具有说服力的观点。比如，人在现实中无法实现的愿望，会在梦中得偿所愿，使人产生一种实现愿望的满足感，从而缓解欲求不满的现状。如果愿望一直被压抑在内心深处，会给人造成紧张的情绪。因此，可以说做梦也是一种缓解压力的方法。实际上，如果做梦时受到打扰，人容易形成攻击性性格，或者出现不稳定情绪。此外，还有的学者认为，梦可以将人在清醒时收集的信息进行筛选、整理，区分出“必要的信息”和“不必要的信息”，然后按照需要将其存储在大脑中。

人所做的梦，大多数情况下都是平时烦恼的事情。在梦中，问题经常都会得到解决。据说，有位数学家曾被为一道难题所困，但某一天在睡梦之中就将它解开了。此外，梦还能为体内的危险发出警报。据报道，曾经有一位心脏病患者，在他出现自觉症状前的某天夜里，他做了一个胸口绞痛的梦。从上述事例中，我们至少能总结出一个结论，那就是做梦对人来说是非常重要的。

其实，不仅人类会做梦，研究结果表明其他哺乳动物和鸟类也会做梦。养狗的人可能都遇到过爱犬做梦的情况，它们睡觉时嘴里还会发出呜呜的鸣叫声。可能是睡前没有吃饱，睡觉时梦见一大块肉骨头摆在眼前。做这样的梦可以让它的情绪稳定下来。遇到这样的情况时，我们不要大叫它，让它继续静静地睡就好了。

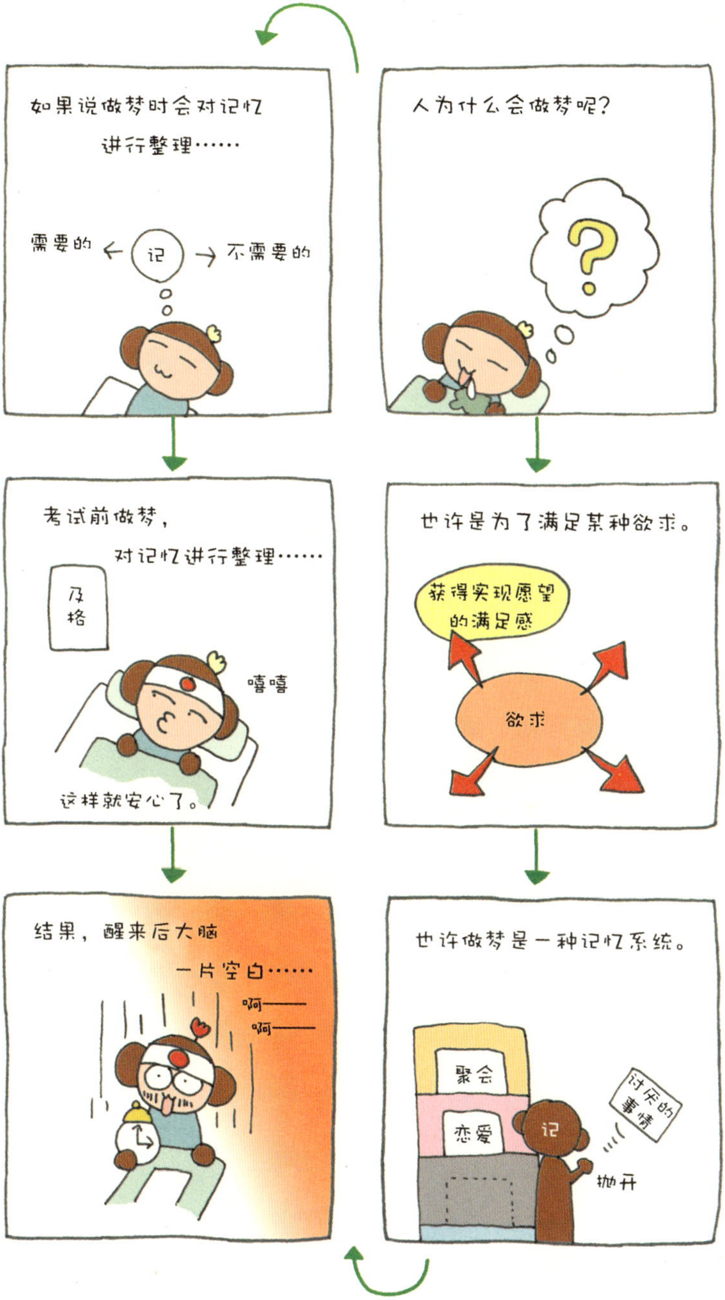
人为什么会做梦呢?
?
也许是为了满足某种欲求。
获得实现愿望的满足感
欲求
也许做梦是一种记忆系统。
聚会
恋爱
记
讨厌的事情
抛开
如果说做梦时会对记忆进行整理……
需要的
记
不需要的
考试前做梦，
对记忆进行整理……
及格
嘻嘻
这样就安心了。
结果，醒来后大脑一片空白……
啊——
啊——

梦，让您发现真实的自我

~ 清晰梦 ~

晚上睡觉时，如果做了梦，一般当时都觉察不到。只有到第二天早上醒来时，才会意识到。不过，有时，我们在做梦时也能意识到自己是在做梦，这就叫做“清晰梦”。为什么会出现这种现象呢？科学家称，人在睡眠时，如果大脑中掌管语言和运动的部分处于半清醒的状态，就会做“清晰梦”。科学家还说，经常做“清晰梦”的人非常少。不过，如果普通人进行正确的训练，也能做“清晰梦”。

“清晰梦”有一个很厉害的地方，那就是人在梦中可以控制故事情节的发展，可以做自己喜欢做的事。在梦中可以满足现实中无法实现的愿望，解决我们欲求不满的问题。如果真是这样，我们可以通过做“清晰梦”将表层意识中一直惦记的愿望在梦中实现。有研究人员采访了很多做过“清晰梦”的人，他们都感觉在梦中实现愿望可以得到幸福感和满足感。

那么，该如何训练才能做“清晰梦”呢？首先，平时多给自己做心理暗示，对自己说：“做梦时，能意识到自己在做梦”；其次，像写日记一样，把梦的内容记下来。此外，现在有很多研究“清晰梦”的研究人员和机构，相关的书籍也不少。如果您感兴趣，可以找一些书来看。不过，有一部分书籍并非用科学的眼光来研究“清晰梦”，而是从所谓“灵”的角度来进行解析，因此选择参考书籍时一定要慎重。

我本人也有几次做“清晰梦”的经历。晚上做梦时，能隐约感觉到自己是在做梦。第一次，我很想飞，结果像鸟儿一样拍打了几下手臂，结果真的就飞了起来，当时那种幸福感简直酷毙了。然而，后来几次做梦就不行了，每当意识到自己在做梦时就醒了。看来要控制梦还真是不容易啊！

听说意识到自己在做梦，叫做“清晰梦”。
嗯。
那你想做什么样的“清晰梦”？
我想玩游戏机！
嗯！不错！
我想吃很多好吃的。
嗯！
嗯！
那你呢？
我想睡觉。

梦，让您发现真实的自我

~ 梦与颜色 / 梦的男女差异 ~

梦与颜色

梦到底是彩色的还是黑白的？人们对此一直争论不休。近些年来的研究结果大多表明梦是有颜色的。有学者认为这和彩色电视机的普及有一定关系，我认为这种说法根本站不住脚。我个人认为，梦基本上都是彩色的，只是我们没有特别注意罢了。

我们平时看各种事物、景色的时候，很少会有意识地辨别它们的颜色，大多数时候都是一眼带过。其实，我们看世界的时候，有很多颜色进入到我们的眼睛，但我们很少会刻意区分这是红色、那是蓝色。做梦也一样，梦见的事物也都是彩色的，只是我们没有意识到。曾经有人对画家、设计师的梦进行过研究。结果，这些经常与颜色打交道的人的梦多是彩色的。这说明他们对颜色很敏感，会有意关注事物的颜色，在梦中也不例外。

梦的男女差异

曾有心理学家对 1000 名男女进行梦的研究，想就此调查男人和女人的梦是否存在差别。研究结果表明，男性多梦见敌对的人物，而女性多梦见友好的人物；女性经常做与家庭、家人有关的梦，而男性如果没有特别意识的话，基本上不会做与家庭有关的梦；女性多做购物、会友等与日常生活相关的梦，而男性的梦中更多的是冒险、旅行、英雄等空想。男女做梦的区别更加显著的区别在于：生大病时，男性大多会直接梦到死亡，感觉到死亡的恐怖，而女性大多会梦见与友人分别时依依惜别的场面。

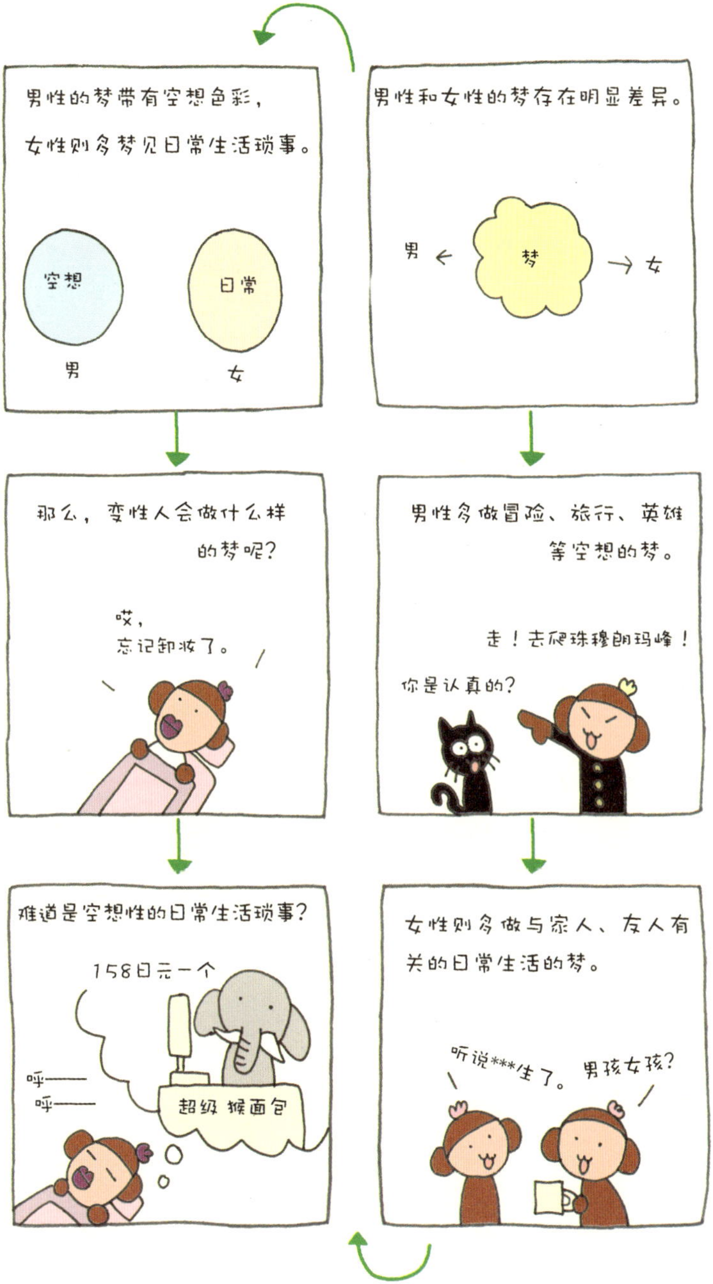
男性和女性的梦存在明显差异。
男
梦
女
男性多做冒险、旅行、英雄等空想的梦。
走！去爬珠穆朗玛峰！
你是认真的？
女性则多做与家人、友人有关的日常生活的梦。
听说***生了。
男孩女孩？
男性的梦带有空想色彩，女性则多梦见日常生活琐事。
空想
日常
男
女
那么，变性人会做什么样的梦呢？
哎，
忘记卸妆了。
难道是空想性的日常生活琐事？
158日元一个
呼——
呼——
超级猴面包

梦，让您发现真实的自我

~ 梦的种类与深层心理① ~

梦中包含着各种各样的信息，也许是内心深处的愿望，也许是身体发出的危险警报，也许还有其他什么理由。因此，没有一个简单的公式可以告诉我们做了什么样的梦就代表什么，而且做梦时人的情感不同，梦的含义也不相同。总之，不能对梦进行简单判断。

不过，特定的梦具有一定的倾向性。在这里，我为大家总结一些心理学家和睡眠研究者关于梦的研究结果。不过，即使对于同一个梦，不同的研究者也有不同的解释，并不是一就是一、二就是二那么简单的事情，所以请读者朋友不要生搬硬套，只把它作为认识真实自我的一个参考。

对自己的梦进行分析、判断之前，我们最好先做一些准备工作。在床头放一个笔记本，早晨起床时把夜里做的梦记录下来。由于梦在头脑中记忆不了多久，只要把梦中的状况、场面、当时发生了什么、自己做了些什么，以及想了些什么记下来就可以了。

内心到底想通过梦给我们传递什么样的信息呢？

坠落的梦

做坠落的梦，代表心理可能存在某种不安和恐惧。实际上，坠落的感觉并不痛，只是代表一种恐惧感。工作中遇到挫折、失恋等不安的状况时，常会做坠落的梦。此外，对未来不确定的因素充满不安时，也会做这样的梦。

在坠落的过程中，有时我们能意识到“啊！自己是在做梦”，也有人在做坠落的梦时，腿会突然伸一下，随即就惊醒了。做坠落的梦可以解释为是某种不祥的暗示，也有人认为在梦中坠落可以使精神得到平衡。我认为，做这样的梦也许是一种提醒吧。

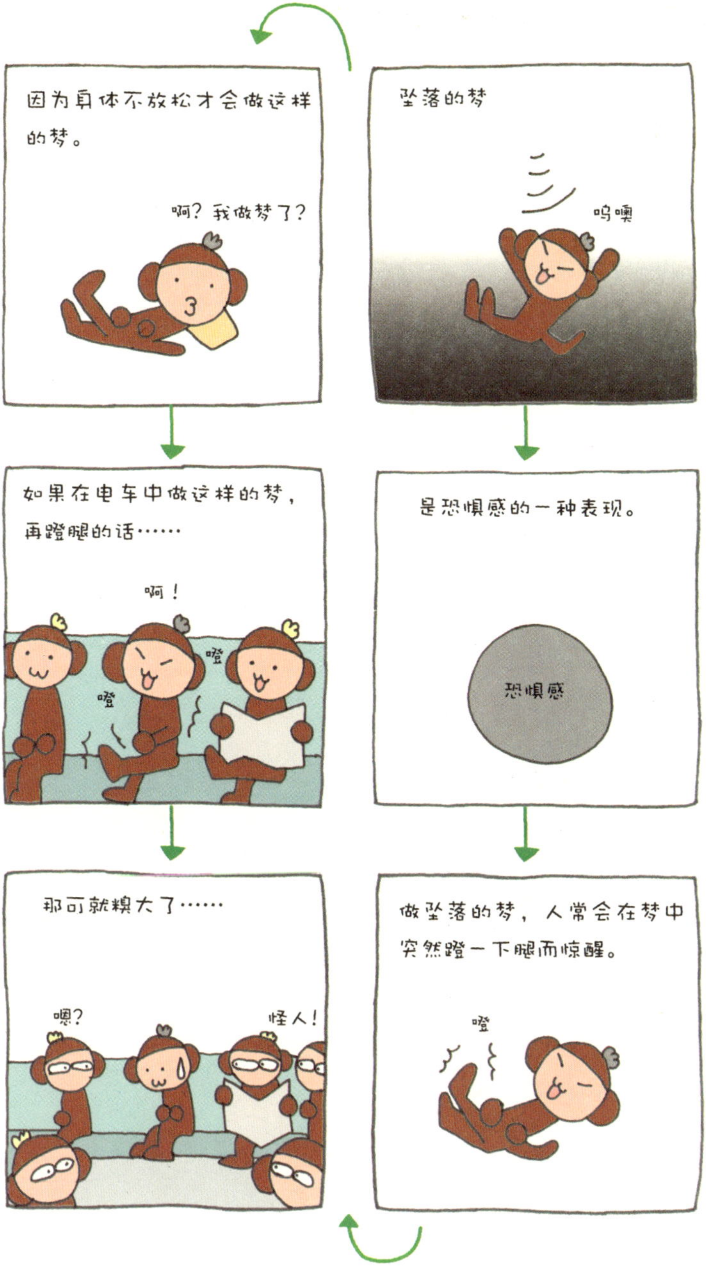
坠落的梦
呜噢
是恐惧感的一种表现。
恐惧感
做坠落的梦，人常会在梦中突然蹬一下腿而惊醒。
噔
因为身体不放松才会做这样的梦。
啊？我做梦了？
如果在电车中做这样的梦，再蹬腿的话……
啊！
噔
噔
那可就糟大了……
嗯？
怪人！

梦，让您发现真实的自我

~ 梦的种类与深层心理② ~

飞翔的梦

当人生得意、事业成功、爱情顺利时，人常会做飞翔的梦。制定新的目标时，也会做类似的梦。不过，也有心理学家认为，当人想逃避现实或欲求不满时，才会做飞翔的梦。“想做点什么”的愿望，在梦中会以“飞翔”的形式得到实现。如果您最近做了飞翔的梦，但却找不到合理的理由，那八成是因为您厌倦了目前平淡的生活，“想做点什么”。

飞翔的梦一般都相当真实。据报道曾经有人梦见自己能飞，由于梦太真实了，他误以为自己真的能飞，结果在现实中试了一下就摔成了重伤。也许您会想：怎么会有这么蠢的人啊？可是，有些梦相当真实，所以千万不要把梦和现实混为一谈哟！

被追赶的梦

一般情况下，当发生不安或陷入纷争时，人大多会做被追赶的梦。工作压力大、日程安排紧的公司职员常常会做被人追赶的梦。此外，不仅强烈的不安会使人做被追赶的梦，当不安、兴奋与期待感混合在一起时，人也常会做被追赶的梦。当私生活的环境发生改变、被委以重任的时候，也会做类似的梦。

如果梦中被不明身份的人追赶，很可能在现实中看到了什么恐怖的东西，又想看清这个东西的真面目。此外，也有一些心理学家认为，做被追赶的梦，与儿时的恐怖经历或者潜在的恐怖体验存在某种关联。

梦见自己想飞……
猴弟，
一起飞吧。
好啊！
在空中飞翔的梦，
结果从床上跌落。
咚
是在想进行新的挑战，
或“想做点什么”
的时候常做的梦。
从明天开始减肥！
你这纯属是
愚蠢的梦。
嗯？

梦，让您发现真实的自我

~ 梦的种类与深层心理③ ~

考试的梦

感觉自己无法完成任务或缺乏自信的时候，一般会做考试的梦。如果近期有考试，对考试的不安就会体现在梦中。这也许是因为考前准备得不充分，自己的潜意识以梦的形式告诉自己应该再努力复习一下。如果是在没有任何不安的情况下做了考试的梦，那也许是一种警告。您应该再仔细检查一下，看复习中有没有漏掉的地方。反之，也有的人对考试充满不安，但梦见自己考试非常成功，结果获得自信。等到真正考试的时候，发挥异常出色。

被拥抱的梦

做被拥抱的梦存在明显的男女差异。男性基本上不会做这样的梦，而很多女性都做过被拥抱的梦。想确认身边是否有值得信赖的人时，往往会做被拥抱的梦。当然，希望得到心上人拥抱的愿望，也会促使人做类似的梦。与男性相比，女性更容易做被拥抱的梦，这说明女性更重视人与人之间的感情联系。很多女性通过拥抱可以感受到人与人之间的温情。

找厕所的梦

有时，当我们处于睡眠状态时，并没有尿急，却在梦中拼命寻找厕所。很多做这个梦的人都是有话不敢说，把它埋藏在心里。想说却说不出口的紧张感，在梦中就转化成了寻找厕所的行为。

有些平时学习不努力的人，做了考试的梦后开始拼命学习。
加油！
结果考试真的及格了！
及格了！万岁！
不过，这也只是个梦……
喂！醒醒！
做考试的梦，
很多题目都不会做……
不仅代表内心充满不安，
不安
不安
不安
不安
也可能是潜意识给我们提醒。
再仔细复习一下
是否有漏掉的地方
是否有记错的地方
内心深处

梦，让您发现真实的自我

~ 梦的种类与深层心理④ ~

怀孕的梦 / 暗示怀孕的梦

有些女性即使没有怀孕，有时也会做怀孕的梦。这样的女性分为两种，一种希望怀孕，另外一种不希望怀孕。对于怀孕的愿望和不想怀孕的念头，都以怀孕的形式在梦中出现。此外，还有研究人员认为，做怀孕的梦是真实怀孕的一个征兆。

曾有一位美国心理学家对150多名孕妇做过调查，专门研究她们的梦。结果发现，除了怀孕的梦之外，还有一些梦是对怀孕的一种暗示，比如，梦见在田里播种、梦见小鱼在水中游、梦见河流或大海的水等。据那位心理学家分析，有关水的梦可能和羊水有关。

生病、受伤的梦 / 暗示生病的梦

当人的身体或心理的平衡被打破时，常会做生病或受伤的梦。此外，也有实例证明，有时做类似的梦是深层心理给我们的警告，提醒我们某些自己还没有意识到的潜在疾病。这样的梦大多不是直接性的。

常年从事梦的相关研究的罗萨林德・卡拉伊特给我们介绍一个有趣的案例。有位男性梦见自己吞了一块烧红的煤块，感觉喉咙有种灼烧感。他确信自己的喉咙有问题，于是去医院检查，但医生检查后说他没病。

可是，一段时间之后，他又梦见有针刺了他的喉咙，就在几周之后，他的喉咙里长了一个肿瘤。再去医院时，诊断结果竟然是甲状腺癌。这说明，某些疾病在初期甚至连医院也检查不出来，但我们的身体却可以察觉到，并能通过梦向我们发出警告。因此，如果能够多掌握一些有关梦的知识，也许能尽早捕捉到身体发出的危险信号。

当身体内存在危险时，
会通过梦向我们发出警报。
梦
危
例如，梦见喉咙不舒服的人，
嗯?
日后真的检查出喉咙有问题。
你的咽喉发炎了。
所以，做这样的梦时……
该死！
被五指山压住了！
也许这正是身体向我们发出的危险信号……
这是……
吻痕！
……
我是
孙悟空！
这该死的色狼！

梦，让您发现真实的自我

~ 梦的种类与深层心理⑤ ~

死亡的梦

也许有人认为梦见死亡是非常不吉利的，但事实并非如此。很多心理学家把死亡的梦理解为是“再生”的信号。他们解释说，当人即将开始某种新的生活，或者想开始过新生活时，常会梦见自己死了。尤其是青春期的孩子，当迈向成年的那个时间点时，常会梦见自己死了。这也许意味着，自己的少年时代要结束了。

吵架的梦

梦到吵架时，不管当时的心情如何，大多数情况下吵架的对象都是自己。即使梦中在与其他人吵架，但大多只是自己的分身。当人内心纷乱、纠缠不清时，为了整理思绪，容易做吵架的梦。此外，当心怀不满时，也会通过做吵架的梦将不满的情绪发泄出来。

羞耻的梦

女性梦见自己误入男厕所或者在大庭广众赤身裸体等，这些都是所谓的羞耻的梦。当人面临第一次约会或者即将参加面试时，常会做类似羞耻的梦。这是因为即将暴露在人前心中充满不安的缘故。

去医院看病的梦

当人梦见自己去医院看病时，常代表想找一个可以依赖的人。当人面临巨大的工作压力、想逃避现实的时候，也容易做住院的梦。再者，梦见自己去医院看病，也许是深层心理对体内潜在危险的一个警告。

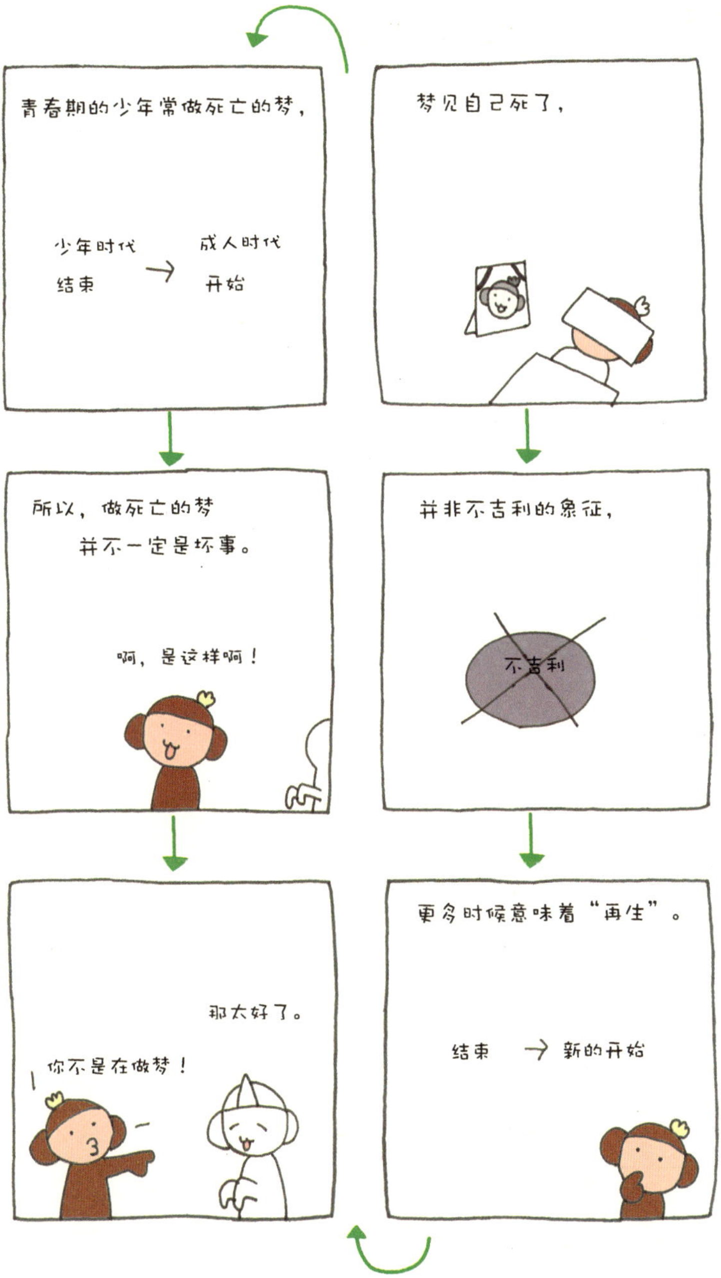
青春期的少年常做死亡的梦，
少年时代
结束
→
成人时代
开始
梦见自己死了，
所以，做死亡的梦
并不一定是坏事。
啊，是这样啊！
并非不吉利的象征，
不吉利
你不是在做梦！
那太好了。
更多时候意味着“再生”。
结束 → 新的开始

何谓性格？

~ 从心理学的角度解释性格 ~

我们常对别人的性格进行评价，“这个人性格很好”、“那个人性格很单纯”……可是，性格到底是什么呢？我想，对于这个问题，很多朋友都是心里清楚但很难用语言表达出来，就好比茶壶煮饺子——有嘴倒（道）不出。

如果从心理学的角度解释性格，也不容易。不同的心理学家给性格所下的定义也不同。在这里，我斗胆为大家概括一下什么是性格。简单来说，性格就是一个人的行为和语言倾向。所谓“性格很单纯”，是说“我们很容易就能想象出这个人接下来的言行”。而“性格很好”，则指“这个人具有一贯的良好思维和言行（温良、具有同情心等）”。

很多心理学家在研究性格时，会把性格分为几种类型。德国有一位精神病学家名叫克雷奇默尔，他把人的体型与性格联系起来进行研究的理论非常著名。他把人的体型分为三种，不同体型人的性格特征如下：

○瘦弱型

谨慎、保守的性格。在这种人身上，既有神经质、敏感的一面，也有无法理解别人心情、迟钝一面。

○肥胖型

社交型性格，但是有躁郁倾向，且性情多变。

○斗士型（坚实）

安静、规规矩矩，但也有突然暴跳如雷的时候。

性格到底是什么？
易怒
沉稳
所谓"性格好"，
喂！
是指具有良好的行为模式。
对不起了！
啊，
没什么的。
工作能力强
个子高也算
性格好吗？
这些和性格
没关系。
嗯，嗯。
我这个人嘛，
性格好，个子也高。
自吹自擂！
性格怪僻！

A型血的人都一丝不苟吗？

~血型与性格，及其历史发展~

现在，大多数人都知道通过血型可以判断性格。比如，A型血的人一丝不苟，B型血的人我行我素，O型血的人开朗、乐观……在这里，我先要告诉大家一个遗憾的消息：这种通过血型判断性格的方法并没有科学根据，而且有大量的科学数据表明，这种方法在很多情况下是不准确的。

科学家并未在血液中找到能够左右性格的因子。从医学角度来看，人们也没有有力的证据证明血型与性格有关系。只不过据统计学发现不同血型的人在性格因素上存在一定的差别，比如O型血的人比A型血的人某性格要素高出1.3倍等等。然而，这种程度的差异，很难证明血型与性格之间存在关联。听我这么说，也许很多朋友要着急了，“等等！至少用这种方法判断我的性格是准确的，而且对我家人也都适用。”

接下来，我就为您解答这个问题。不过，我们先来追溯一下血型与性格研究的历史。最早将ABO血型与性格联系起来的人是日本人。在1910年左右，即ABO血型被发现的几年后，日本某医生发表了一篇医学论文，其中提及了血型与性格的关系。20世纪20年代，日本军医对血型与阶级的关系展开研究。与此同时，教育学家古川竹二发表了关于性格与气质的研究论文。论文一经发表，就引来诸多关注的目光，并得到很多人的支持。

正是从那时开始，履历表中才增加了血型一栏。不过后来，有一篇调查报告否定了古川竹二的观点，关于血液与性格的研究这才开始降温，并逐渐淡出了人们的视线。直到20世纪70年代，一本研究人类血型的书籍出版发行了，于是又掀起了研究血型与性格的热潮。再加上主流媒体的推波助澜，使这股热潮一直持续到今日。

通过血型判断性格，
A
B
O
AB
并没有科学根据，
没有这回事！
也没有得到医学界的认可，
没有关系！
心理学家也否定了血型与性格存在关联。
没发现关联！
是这样啊！
哎——
哎——
哎——
那这到底算什么……
早晨最重要的3分钟睡眠啊！
最早来上班的是A型血的人
把早晨还给我们！

A型血的人都一丝不苟吗?

~通过血型判断性格的方法得以推广的原因~

那么，为什么很多人感觉通过血型判断性格的方法很准呢？还有，为什么这种方法能如此普及呢？接下来，我们将从心理学的角度来寻找其中的原因。

1. 判断结果非常暧昧

当然，如果通过血型判断性格不准确，也就不可能这么普及了。可是，这种方法为什么会这么“准”呢？秘密就在判断结果的叙述形式。

比如，虽然说A型血的人大多一丝不苟，O型血的人多为乐天派等，但除了这种程度的区别之外，其他的叙述多是一些一般化的特征。因此，人们总能从中找到适合自己性格的部分，通过血型判断性格的方法也就适用于任何人。再比如，说“A型血的人希望保持平稳的人际关系”，请仔细想一想，有谁不想与他人保持一种平稳的人际关系呢？

2. 人会从判断结果中寻找适合自己的部分

比如，说“AB型血的人拥有独特的思维方式”，即使有的AB型血的朋友不具有这样的特征，但看到这样的评价也不会感到反感。而且，人还会把自己想象成就是这样的人，“我就是独特的人”。人会主动向判断结果靠近，在心理学上这被称为“自我成就预言”。

3. 通过血型判断性格的方法是方便的社交工具

可以说，没有比血型判断性格更方便的社交工具了。人的常规血型只有A、B、AB、O四种，所以相应的性格类型也只有四种，记忆起来非常容易。

与人第一次见面时，如果感觉无话可说，这可是非常好的话题。在公司和朋友之间，这种话题也常常能起到活跃气氛的作用。此外，相信血型决定性格的人，大多具有外向型的倾向，他们受杂志、电视等主流媒体的影响也比较大。

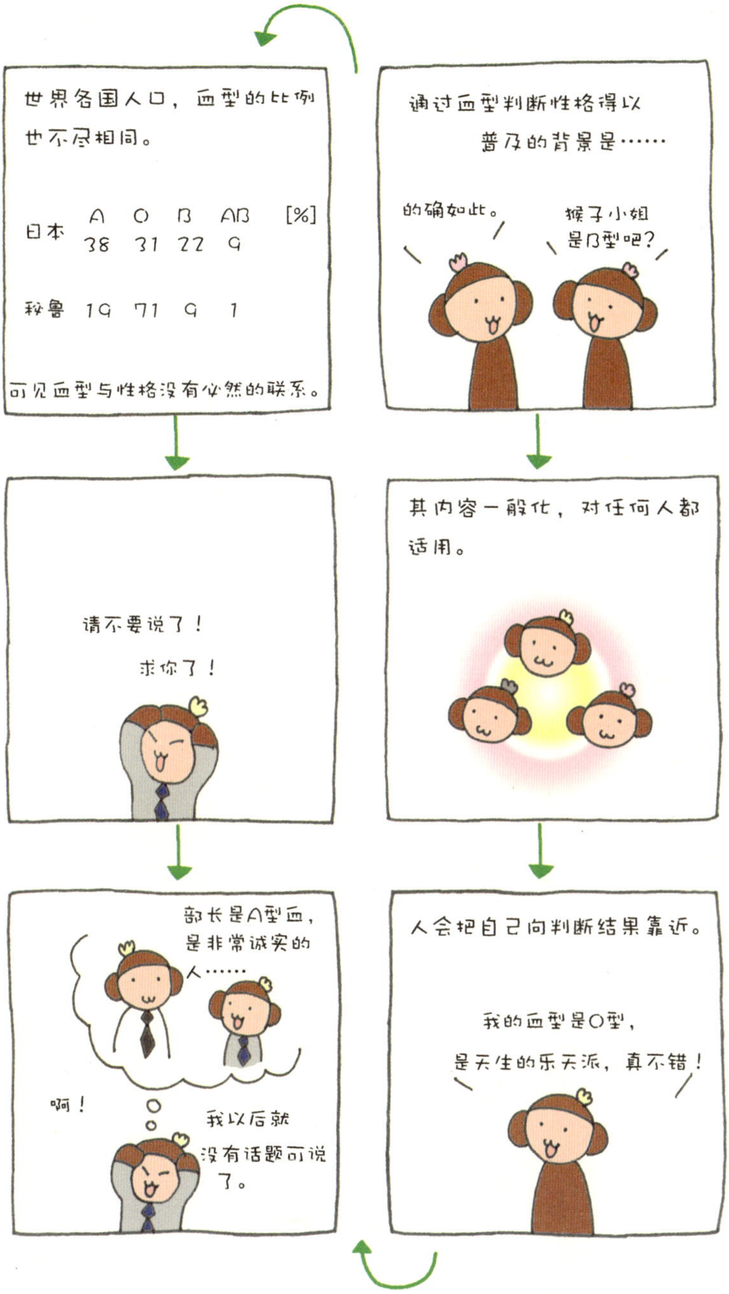

通过血型判断性格得以普及的背景是……
的确如此。
猴子小姐是B型吧？
其内容一般化，对任何人都适用。
人会把自己向判断结果靠近。
我的血型是O型，是天生的乐天派，真不错！
世界各国人口，血型的比例也不尽相同。
日本 A 38 O 31 B 22 AB 9 [%]
秘鲁 19 71 9 1
可见血型与性格没有必然的联系。
请不要说了！
求你了！
部长是A型血，是非常诚实的人……
啊！
我以后就没有话题可说了。

相信性格判断的心理 / 巴纳姆效应

~ 人为什么会相信性格判断和算命 ~

就像通过血型判断性格一样，本来是适用于任何人的一般性描述，可人偏偏会认为那描述的正是自己。这种心理现象被称为“巴纳姆效应”。

实际上，这种心理效应非常吓人。曾有人进行过一项实验，把原本是 A 型血的性格描述说成是“B 型血的性格”，然后拿给 B 型血的人看，结果竟然有九成左右的人认为自己的性格非常符合描述中的内容。当听到别人说自己“您希望得到周围人的认可”、“您具有浪漫的一面”等等的时候，即使您觉得这并不太适合自己，一般也很少反驳，说“不对”或者“你的说法太不明确了”。大多数时候，人都会表示认同，回答：“是啊，是啊。”

不只相信通过血型判断性格属于巴纳姆效应，人相信算命的现象也属于巴纳姆效应。尤其当面对非常“知名”的算命先生时，巴纳姆效应体现得更加明显，人们很容易被算命先生的话打动。实际上，算命先生“骗人”的技巧并不高明，大多数情况都是居心不良的人想利用算命来害人。

比如，算命先生说：“您以前肯定因为亲人或朋友的去世，造成了心理上的伤害。”事实上，即使二三十岁的年轻人，至少也有过一、两次亲人或朋友去世的经历，而亲人或朋友的死当然会给当事人带来一定的心理创伤。因此，算命先生说的话，十有八九都能中，而听的人就会认为算命先生真的“能掐会算”。

此外，对于属于特定集团的人，我们会先入为主地认为他具有特定的性质。比如，“日本人很勤劳”、“英国人很绅士”等，其实，这样的概括过于笼统，并不是所有日本人都勤劳，也许并非所有英国人都具有绅士风度。然而，我们很容易戴上先入为主的有色眼镜去看待别人。

很多人把算命先生所讲的一般性结果，
·有理想
·容易被感动
·有能力
当作是在说自己……
对！没错！
这就叫做巴纳姆效应。
我是魔术师巴纳姆，为什么拿我的名字命名心理现象？
特别是“著名”算命先生的话，听的人会把每一句都当成真理。
呼
呼
今天早晨，你洗了脸。
哎？
您怎么知道？太了不起了！
我能看见。

根据笔迹分析自己的性格

~ 通过笔迹看人的深层心理 ~

写字也和说话一样，是人的行为之一。笔迹中也能流露出一个人的性格。我们不妨来研究一下笔迹，发现自己平时没有发现的性格。

接下来，以简单的汉字“口”为例进行说明。不过，请朋友们牢记前面讲的“巴纳姆效应”，不要把目光只放在“分析得准与不准”上，而应该把这种方法当作是发现自我的一种工具。

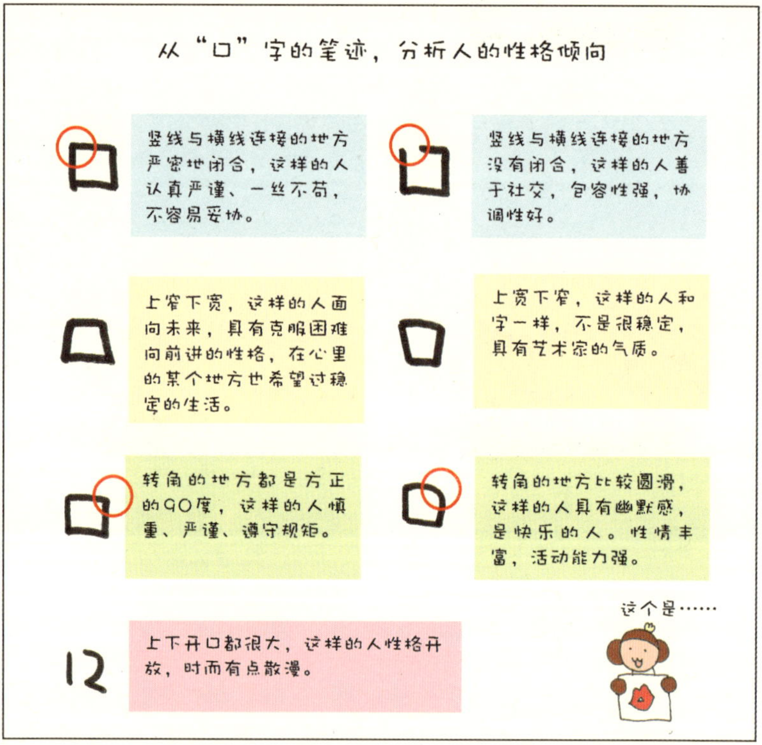

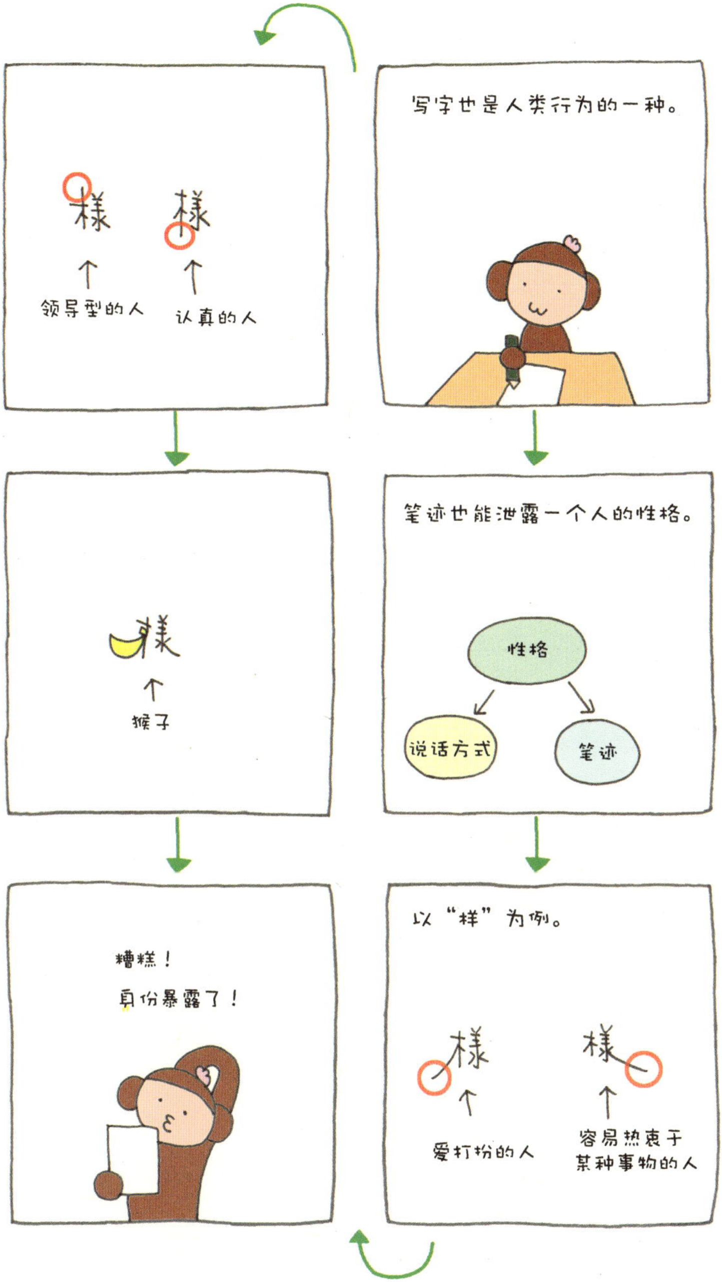
写字也是人类行为的一种。
笔迹也能泄露一个人的性格。
性格
说话方式
笔迹
以“样”为例。
様
様
爱打扮的人
容易热衷于
某种事物的人
様
様
领导型的人
认真的人
様
猴子
糟糕！
身份暴露了！

了解自我的测验／“我……”

~“Who am I”的 20 种答法测验，帮您认清自己是什么样的人~

有一个有趣的心理测验可以帮助我们更清楚地了解自己。美国心理学家库尼和马克帕兰德研究出一种叫做“Who am I？”的心理测验方法，要求被测试者做出 20 种回答。

在心理学界，这是一个非常重要的心理测验，相信很多朋友已经做过或者曾经听说过这个测验。如果您还没有做过这个测试，不妨利用这个机会测试一下，非常有趣。请在下面的“我……”后面填写您的答案，请按照您头脑中出现的先后顺序填写出 20 种答案。

1. 我 ______________________
2. 我 ______________________
3. 我 ______________________
4. 我 ______________________
5. 我 ______________________
6. 我 ______________________
7. 我 ______________________
8. 我 ______________________
9. 我 ______________________
10. 我 ______________________
11. 我 ______________________
12. 我 ______________________
13. 我 ______________________
14. 我 ______________________
15. 我 ______________________
16. 我 ______________________
17. 我 ______________________
18. 我 ______________________
19. 我 ______________________
20. 我 ______________________

一开始，也许您会很顺利地填写出“我是公司职员”、“我爱看电影”等，但渐渐地您会发现怎么也写不出来了。这时，再回过头来看看前面填写的内容，您会发现自己现在强烈意识到的是什么，意识到自己处在什么样的位置。在中途，你也许会写出自己无意识的欲求，冷静地看一下，会觉得非常有意思。

有一种“Who am I？”测验，可以帮我们更清楚地了解自己。
你也做一下这个测验，怎么样？
好！
一开始写得很顺利，
我是猴子
我喜欢吃香蕉
但渐渐地就写不出来了。
我讨厌洗澡
我……
结果，内心深处
我……
我……
不可思议的东西写出来了……
我是拉斯普钦？！
于是，它发现了全新的自我。
我是拉斯普钦！
谁？

自己所不知道的自己 / 约哈利窗

~ 寻找未知自己的方法 ~

人都认为自己是最了解自己的人。实际上，对于自己，自己也有不知道的地方。很多时候，当朋友为我们指出一些性格上的问题时，我们才第一次意识到自己的另外一面。

比如，有一天朋友对我说："你知道吗？你的性格太要强了，从不服输。"虽然有时嘴上不愿意承认，可心里还是暗自吃了一惊，果真是第一次意识到自己确实有这样的性格倾向。因此，别人可以帮我们发现自己以前不知道的自己。

下图是心理学家约瑟夫和哈利研究出来的"约哈利窗"，他们将"自己的信息"分成了四类。

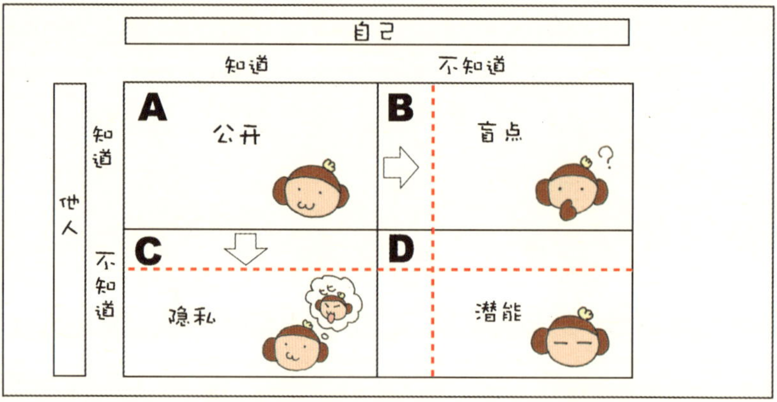

A 是自己知道，别人也知道的公开部分；B 是自己不知道，但别人知道的盲点部分；C 是自己知道，但别人不知道的隐私部分；D 是自己不知道，别人也不知道的潜能部分。如上图所示，如果别人告诉我们自己不知道的自己，B 部分就会缩小。同样，如果把自己的隐私 C 部分公开的话，未知的 D 部分就会缩小。也就是说，自己和别人都不知道的潜能部分缩小了，即发现了自己的潜能，发现了新的自我。结果，公开的 A 部分就变大了。

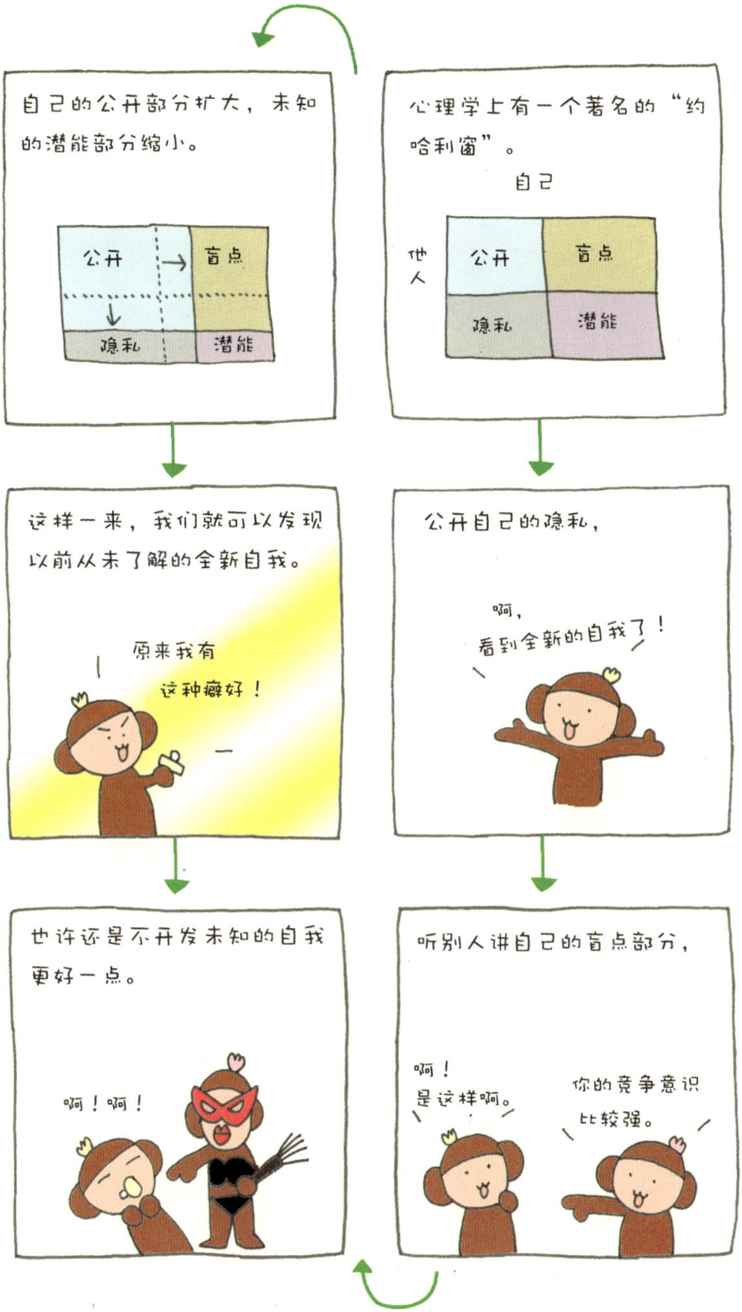
心理学上有一个著名的“约哈利窗”。
自己
他人
公开
盲点
隐私
潜能
公开自己的隐私，
啊，
看到全新的自我了！
听别人讲自己的盲点部分，
啊！
是这样啊。
你的竞争意识
比较强。
自己的公开部分扩大，未知的潜能部分缩小。
公开
盲点
隐私
潜能
这样一来，我们就可以发现以前从未了解的全新自我。
原来我有
这种癖好！
也许还是不开发未知的自我更好一点。
啊！啊！

人为什么会笑?

~ 分析笑的原理 ~

觉得开心或者看到有趣的事物时，我们会笑。最近有研究结果表明，经常笑可以提高人的免疫力。因此，笑受到了很大的关注。可是，我们到底为什么会笑呢？据科学家说，地球上的生物中，只有人类和一部分猴子会笑。的确，我们从没见过鸡或鸭子笑，如果有会笑的青蛙，那也怪吓人的。

笑的种类有很多种，科学家们对此众说纷纭。弗洛伊德、康德（1724~1804，德国哲学家）、柏格森（1859~1941，法国哲学家，1929 年诺贝尔文学奖获得者）等学者都对“笑”进行了较为深入的研究。

接下来，我为大家介绍一种关于笑的理论，也许这种理论已经超越了心理学的范畴。美国精神病学家 V·S·拉马钱德兰在《大脑？还是幽灵？》一书中有这样一段有趣的叙述：“当发生了意想不到的、需要提高警惕的事情时，人会紧张起来；但当弄清情况后，如果发现这个事情对自己并没有威胁，人会笑出来。”

比如，突然有一个身穿黑衣、凶神恶煞的大汉来到您的面前，您会有一种不祥的预感，于是提高了警惕，变得紧张起来。可是，没想到那人忽然面带微笑地向您问路。在那一瞬间，您不安的心放了下来。与此同时，您还发现那人的门牙上竟然粘着一块菜叶，于是便忍不住笑了出来。

也就是说，人感到危险时会紧张，但当发现危险并不存在时，就会自然而然地笑出来。在心理学中，对这种状况的解释是：笑是缓和某种紧张状态的方法，人通过笑可以达到心理上的平衡。“讨好地笑”和“谄媚地笑”也是缓和紧张状态的方法。

有时，
为了缓和某种紧张状态，
紧张
人会笑。
安全
紧张
笑
嘿嘿
也有人认为笑是安全的信号。
但是……
那个人看起来很凶，
他过来干什么？
紧张
紧张
嗯？
！
咕噜
啊哈哈哈……
啊！
咕噜
不知道结果是否真的安全。
瞪起眼睛

人为什么会愤怒?

~ 分析愤怒的原理 ~

和笑一样，人都会发怒。不过，这“愤怒”的情绪到底从何而来呢？生活中，人会对行为和结果进行一定的预测。如果局面失去控制、不在自己预想的范围之内，人会感到“不安”或“恐慌”。对于“不安”或“恐慌”的防卫反应或警告反应就以“发怒”的形式体现出来。

比如，在饭店吃饭，您预计点菜之后不久就会上菜，结果等了 30 分钟还不见有菜上桌。此时，您也许会想：“是不是他们忘了做我的菜？”于是，陷入一种不安的状态。之后，防卫反应不断发展，最后演变为愤怒的状态。也就是说，当事情没有按自己预想的发展时，人就会产生愤怒情绪。

此外，人还有一种叫做“自尊感情”的情绪，即认为自己有价值的一种感觉。这和我们平常所说的“自尊心”不是一回事。如果有人对我们说“你这个人没有价值”、“作为人，你不合格”等，就会伤害我们的自尊感情。当自尊感情受到伤害时，人就会愤怒，这是保护自己自尊感情的一种行为。

“自尊感情”高的人，对于别人的侮辱也可以宽容对待。正因为自尊感情高，不管别人怎么说自己，也不会影响自己对自己的评价，因而不会生气。然而，自尊感情低的人，只要受到一点不适当的评价，马上就会发怒。自尊感情低的人无法尊敬自己，需要从别人的尊敬中间接地获得自尊感情。因此，一旦别人否定了自己，自己也就无法尊敬自己，于是便发怒了。因此，如果平时能够多冷静地审视自己，发现自己值得尊敬的地方，提高自尊感情，就不会动不动因为一些琐碎小事而生气了。

又过了30分钟……
我不预测了，
不预测了。来啦！
对不起！
让您久等了。
比萨饼还没好吗？
我们都等了40
分钟了。
对不起！
对不起！
不预……
哎？
啊！
掉啦！
！
咕噜
啪嗒
你以为马上就会来，
所以等得很焦急。
嗯。
@△※☆
ムキー
实话
因为事情没有按照
你的预想发展，所
以你会发怒。
知道了。

为什么痛哭过后心里会觉得畅快?

~ 分析哭、流泪的原理 ~

人在很多情况下都会流泪，但人为什么会哭泣、流泪呢？威廉姆·吉姆和卡尔·里根曾说过这样一句具有哲学意味的话：人不是因为悲伤才哭泣，而是因为哭泣才悲伤。意思是说“哭泣”这种生理反应比“悲伤”这种心理活动要来得早。

有趣的是，不仅在悲伤的时候，在高兴的时候，人也会哭泣。因为感情原因而流的眼泪，和人的自律神经有着紧密的联系。高兴也好、悲伤也罢，人的自律神经都会受到刺激，进入兴奋状态，从而引起流泪的现象。

威廉姆·H·弗雷二世博士认为，女性哭泣的理由中，有50%是因为“悲伤”，20%是因为“高兴”，10%是因为“生气”。与男性相比，女性更容易哭泣。这是由于男女感情构造的差异所造成的，不过并不是因为女性柔弱。有些女性会因为自己爱哭而感到自卑，其实完全没有这个必要。

此外，人在痛哭之后都会感到心情畅快了很多，也许您也有过类似的经历。这是因为哭泣可以将紧张物质发散到体外的缘故。哭泣也是减轻精神紧张的一种方式。日本人不太愿意在人前哭泣。实际上，为了减轻心里的紧张情况，还是多哭一哭为好。顺便说一句，哭泣时的情绪不同，眼泪的成分也有所差别。愤怒的泪水，含水量相对较少，钠的含量较多，所以比较咸；而悲伤的泪水则是水分比较多，味道比较淡。

痛哭过后感觉心里畅快了许多，这是因为……
哎？哭过之后好受多了。
紧张物质可以随眼泪排出体外。
眼泪
紧张
眼泪的成分也因哭泣时情绪的不同而有所差异。
悲伤的眼泪
淡
愤怒的眼泪
咸
所以，恋爱高手
呜呜
失礼了！
可以通过女人的眼泪，
呜呜
吧嗒
判断女人的情绪。
露馅儿了！
你在假哭！

没有长性的心理原因

~ 厌倦与成就感 ~

有时，我们想做很多事情，比如锻炼身体、减肥、上电视大学等，但实际做起来却坚持不了多久。像这样没长性的人还不在少数。当然，其中性格是主要原因。如果生性就容易厌倦，做什么事情都长久不了。所谓“厌倦”，就是失去干劲，继续做下去的意志受到阻碍。尤其是对于那些“被命令去做的事”或“不得不做的事”，很快就会感到厌倦。

此外，“厌倦”与行为动机和受到的评价也存在很大的关系。行为动机又分为外在动机和内在动机。所谓外在动机，无非就是“胡萝卜”和“大棒”。比如，家长对孩子说，如果考试得了100分，就给他买一辆自行车，这就是“胡萝卜”，即奖励；在公司中，上司交代的事情如果不做或者做不好，就会惹上司生气，这就是“大棒”，即惩罚。

所谓内在动机，则指自发性的动机。比如，我想去国外旅行，就会为此努力攒钱。对于持续做某事来说，外在动机只有暂时的作用，不会长久发挥作用。举例来讲，比如在训练猴子的时候，当它完成一个任务后，驯兽员会给它一根香蕉作为奖励。长此以往，如果不给香蕉的话，猴子就不会去完成任务。因此，外在动机对于持续做某事来说，意义不大。

为了坚持做一件事情，我们最好先设定小的、具体的目标，每当实现一个小的目标，就会体验到成就感，从而激励我们继续做下去。以打扫房间为例，我们不要把目标设定为打扫完整个房间，而是把任务细分，今天的任务是书房，明天的任务是卫生间……一天打扫一间房间并不难完成，当完成任务后，我们会感到一种成就感。这样一来，我们就有坚持下去的动力了。

此外，如果把奖励的力量与爱情结合起来，那将发挥更大的威力。比如，坚持学一门外语并不是一件容易的事，但如果说“精通外语之后，就可以找外国美女交往”，就可以给我们巨大的动力。

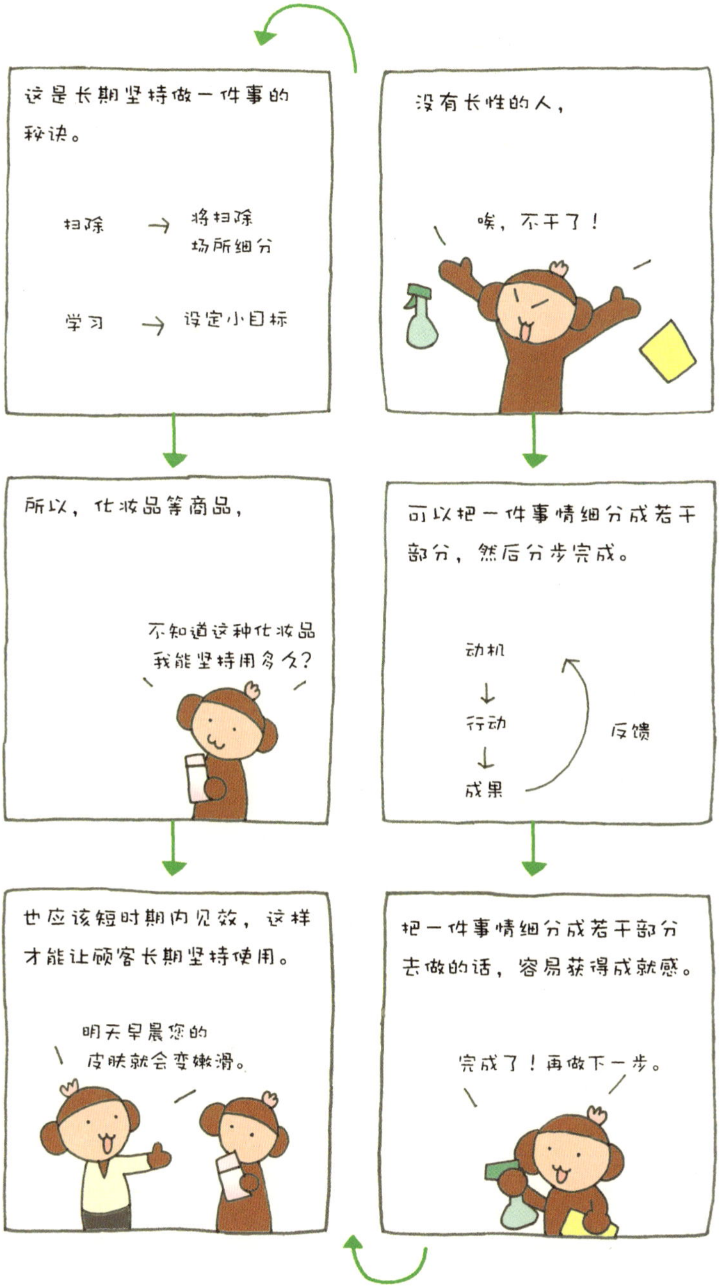
没有长性的人，
唉，不干了！
可以把一件事情细分成若干部分，然后分步完成。
动机
行动
成果
反馈
把一件事情细分成若干部分去做的话，容易获得成就感。
完成了！再做下一步。
这是长期坚持做一件事的秘诀。
扫除
将扫除场所细分
学习
设定小目标
所以，化妆品等商品，
不知道这种化妆品我能坚持用多久？
也应该短时期内见效，这样才能让顾客长期坚持使用。
明天早晨您的皮肤就会变嫩滑。

自我辩解的“豪华阵容”

~ 自我保护的心理 ~

人是一种非常善于自我保护的动物，把自我辩解应用得得心应手。比如，有想要的东西却得不到时或者做事情失败时，人会找一些理由来为自己辩解、保护自己。这叫做“防卫机制”，为的是防止自己出现不安或不快。

接下来，为大家介绍几种具有代表性的“防卫机制”，这些“防卫机制”可以算得上是自我辩解的豪华阵容。

· **压抑**：当人犯错时，会找一些借口为自己的错误或失败辩解，比如“运气不好”、“天气太差”、“没有帮手”等。这是人在无意识地隐瞒失败的真实原因，拒绝承认自己的失败。

· **反向行为**：对于自己喜欢的人态度冷淡，而对于自己讨厌的人却非常热情，即采取与意识相反的行为。当遇到使用压抑法已经无法处理的强烈感情时，人会采取反向行为来进行自我防卫。

· **投射**：将责任转嫁给他人，把自己的错误、失败正当化。比如，“我之所以犯这样的错误，都是因为上司非要把这项工作交给我做”、“因为前面有块石头挡路，我才被绊倒的”等等。

· **合理化**：失败的时候，会给自己找一个最为适当的理由，让自己释然。“这道题那么难，我做不出来是正常的”、“因为我生病了，所以才做不好”等。精英意识强的人，多采用这种方法保护自己。

· **换位**：将压抑的感情向其他对象发泄的行为。比如，老师批评了自己，因此对老师心怀不满，但不会向老师本人发泄不满，而是把不满发泄到对自己没那么强硬的人身上，比如妈妈等。

· **升华**：通过社会允许的行为来发泄压抑的感情。比如通过体育运动来发泄感情等。

六本木（日本地名）有一个自我辩解的达人，人称“辩解洋二”。
我叫洋二。
他善于使用
今天运气不好。
[压抑]
各种各样的自我辩解。
都怪他！
[投射]
条件不好，失败也是理所当然的。
[合理化]
最后的绝招……
你这家伙！
呜呜……
幼儿化……
哎？
妈妈坏！妈妈坏！
[换位]

私人空间、同调行为、
光环效应、餐桌技巧……
了解行为背后的动机！

第二章

乘电梯的时候，人为什么总是往上看？

（社会心理学篇）

在这一章中，将为大家介绍自己与他人、自己与社会、组织中的人与人之间将会发生怎样的行为和心理效应等。读过这一章之后，您将了解自己和他人行为背后的动机，这将有助于我们在社会中与人更加和谐地交往。

乘电梯的时候，人为什么总是往上看？

~ 私人空间① ~

有一天，乘电梯的时候，我和往常一样，仰头看着显示的楼层数，突然意识到为什么我每次乘电梯的时候都会仰着头往上看呢？而且，我看了看周围的人，发现他们竟然和我一样，也都仰着头看着显示的楼层数。难道显示的楼层数有什么神奇的魔力吗？还是有什么不可思议的心理效应在背后起作用呢？总之，大家的这种行为让我非常感兴趣。

实际上，乘电梯往上看的行为与我们的“私人空间”有着很大的关系。所谓私人空间，是指在我们身体周围一定的空间，一旦有人闯入我们的私人空间，我们就会感觉不舒服、不自在。私人空间的大小因人而异，但大体上是前后0.6~1.5米，左右1米左右。据调查数据显示，女性的私人空间比男性的大，具有攻击性格的人的私人空间更大。在拥挤的电车中我们会感觉不自在，就是因为有人进入了自己的私人空间。

电梯是一个非常狭小的空间。在电梯中，人与人的私人空间出现了交集，也就是说互相感觉到对方进入了自己的私人空间，所以会感到不舒服，都想尽早离开电梯这个狭窄的空间。向上看正是想尽快“逃离”这个狭小空间的心理的表现。

此外，盯着显示楼层的数字看，不只是为了确认是否到了自己要去的楼层。当我们急于离开这个狭小空间时，不停变换的数字能我们感到电梯在移动，让我们感觉到自己是在向“解放”前进，从而缓解焦急的心理。不过，很多电梯的楼层显示数字的部分，竟然没有广告，这让我有点意外。难道广告商都没有注意到这一块资源丰富的“广告沃土”吗？

乘电梯的时候，大家都盯着显示楼层的数字。
1 2 3 4 5 6
这种行为与私人空间存在很大的关系。
当有人进入自己的私人空间后，我们就会感觉不自在。
不自在……
于是，心里就想尽快离开这个狭小空间，结果就表现为仰头向上看的行为。
怎么还不到啊!
啊！
噗
这羞耻的18秒，每一秒都是煎熬，感觉电梯好像永远也到不了目的地……
快点呀……

大家都喜欢坐靠边的座椅

~ 私人空间② ~

和在电梯中一样，在拥挤的地铁中，人也会采取类似的行为模式，这就是坐座椅的位置。当很多人涌入一节空车厢之后，长座椅的两端先被人坐满，而座椅的中央后被人坐满。在地铁里，我们经常能看到这样的情景：如果靠边的座椅空着，就会有人从很远的地方跑过来坐下（尤其是中年大婶）。

这种行为也是由人的私人空间意识引起的。靠边的座椅，只有一侧与别人接触，因而大多数人都喜欢坐在这里。万一不小心睡着了，还可以减少倒在别人身上的几率，用手机发短信时也不用担心别人偷看了。总之，周围的人越少，我们就越自在。

不过，也不是所有靠边的地方都会让人感到舒服自在，比如公共厕所中靠近入口一端的小便池或马桶就经常受到“冷遇”。快餐店、咖啡馆等高靠背座椅靠近外侧的一端也不太受欢迎。这是因为高靠背座椅本身就可以确保一定的私人空间，而靠外侧的一端反而容易将人暴露。此外，对于长座椅来说，如果两边都没人，有时我们也会选择坐在中间的位置。人的行为真是有趣而多变。

顺便介绍一下，人的私人空间会根据对象的不同而发生改变。假设一个人前方的私人空间为1米，如果对方是亲近的人，私人空间也许会缩小到0.5米，但如果是不喜欢的人，也许会扩大到2.5米。而对于憎恶的人，则会敬而远之。

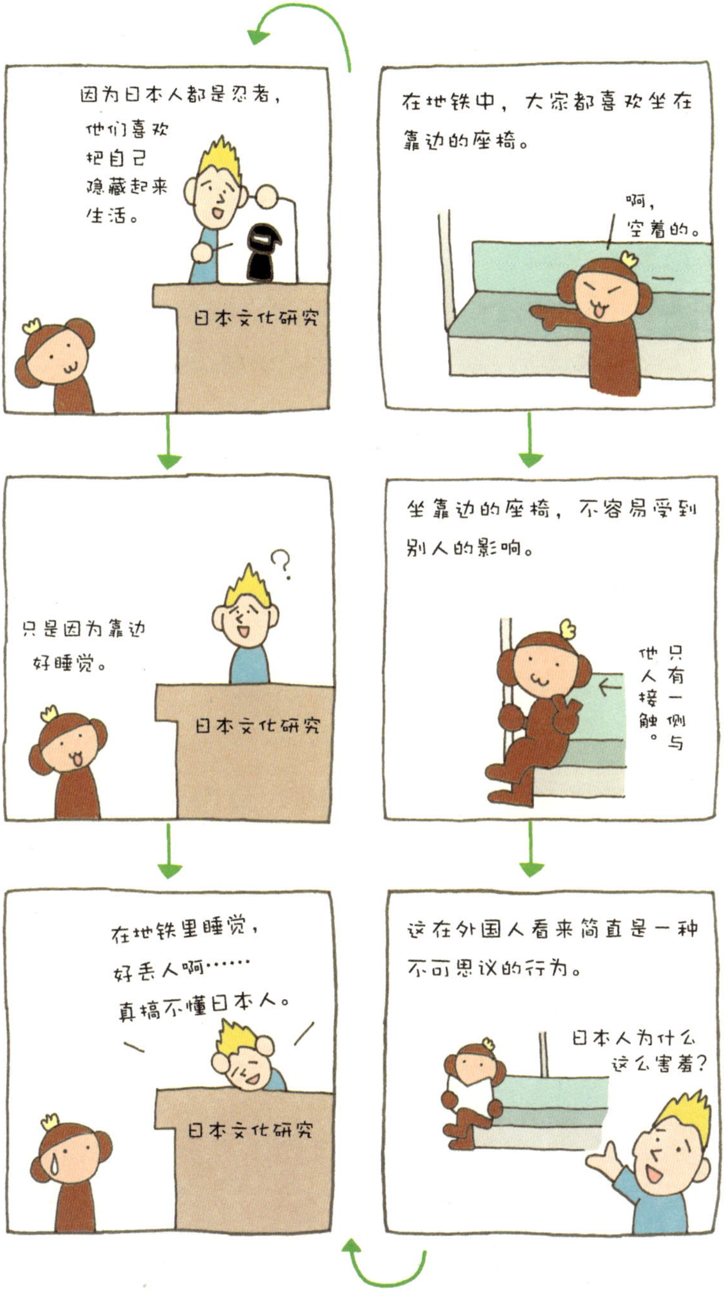
在地铁中，大家都喜欢坐在靠边的座椅。
啊，空着的。
坐靠边的座椅，不容易受到别人的影响。
只有一侧与他人接触。
这在外国人看来简直是一种不可思议的行为。
日本人为什么这么害羞？
因为日本人都是忍者，
他们喜欢把自己隐藏起来生活。
日本文化研究
只是因为靠边好睡觉。
日本文化研究
在地铁里睡觉，
好丢人啊……
真搞不懂日本人。
日本文化研究

日本关东人喜欢排队

~ 排队的心理 / 同调行为 ~

人有一种喜欢排队的心理。有些人为了买到演唱会门票或者自己喜欢的商品，不惜排几个小时的队，这是为什么呢？也许很多人会回答："演唱会（或商品）值得我排那么长时间的队。"果真是这样吗？

当然，商品本身具有一定的魅力是必须的。除此之外，长长的队伍本身也具有吸引力。当我们看到很多人排起长队购买某一种商品时，心中就会想："有这么多人买，一定是种非常好的商品"。而且，与其他人做一样的事情时，人会产生一种安心感。心理学把这种行为称为"同调行为"。此外，排很长时间的队买到商品，能给人一种成就感，或者说获得一种满足感。

当然，对于排队这种行为，也存在个人差异。更有趣的是，还存在地域性差异。据说，日本关东人就比关西人更容易加入到排队的队伍中来。关东人有一种强迫性观念，他们认为如果不加入大家的购买队伍，自己也许会错过一件好商品。反过来说，通过排长队买来的商品，可以更加放心。

近年来，杂志和电视上出现了很多直邮购物的广告，而且一经推出就备受欢迎。人会觉得对商品的质量、设计等进行判断非常麻烦，所以干脆不去自己作出判断，而是选择大家都购买的商品。人们认为一种商品如果有很多人购买，其质量和设计等肯定非常好。比如，大家都愿意购买名牌商品，这不仅仅是因为名牌商品的品质有保证，而且它的价格较贵，是一种身份和地位的象征。同理，购买的人排起一条长队，本身就是一种广告宣传，排队也成了"名牌"商品的一部分，只是大家为此消费的不是金钱，而是时间。

这位是排队评论家猴八先生。
大家好！
请问您，人为什么那么喜欢排队呢？
好的。
人本来就喜欢置身于团体之中！
嗯。
而且，买到商品后会有一种成就感。
排了一个小时
↓
终于买到了！
嗯。
不过，排队的最大魅力在于它的美，令人难以抗拒。
现在就想找个队排一排。

人为什么要“赶时髦”？

~ 追赶流行趋势的人有几种 ~

所谓“赶时髦”，就是追赶流行趋势，可是人为什么要“赶时髦”呢？“流行”的语源是“事物像河水流淌一样在世间流过”。河流有时在狭窄的岩石之间形成湍急的激流，有时又在宽阔的河面静静流淌。现在我们所说的流行，是指服装、行为等在世间兴起一时。

历史上的流行，都是从贵族向平民流行的。比如，在古代，贵重的天然染料紫色，只有王族和贵族才有权使用，而当合成染料技术普及，紫色很容易调配出来的时候，紫色就迅速在平民中间流行开来。现在，已经不存在从贵族向平民流行的趋势了，现在的流行体系也发生了很大的变化。

罗杰斯将追赶流行趋势的人分为几类。喜欢挑战新事物、具有冒险精神的革新者占 2.5%；采用革新者的设计、发出流行信息的初期采用者占 13.5%；在较早的阶段把握住流行趋势的前期多数者占 34.0%；在流行趋势已经比较普及的阶段加入的后期多数者占 34.0%；最后，因为没有办法而抓住流行尾巴的那部分落后者占 16.0%。不过，根据流行对象的不同，几类人的比例也不尽相同，所以以上数字只作为参考。

革新者中又分为两种，一种人并没有意识到自己的创新行为或服饰能引起新的流行趋势，而另一种人则是有意识地在创造新的流行趋势。初期采用者中的大多数人具有“赶时髦”的意识，他们较早地采用与众不同的行为或服饰，从而引领新的流行趋势，对此他们会产生精神上的优越感，并满足自我展示的欲望。前期多数者紧跟流行趋势属于一种同调行为，不过他们也会像初期采用者那样有一种优越感。然而，后期采用者追赶流行趋势则纯属同调行为，其中有不少人具有接近强迫观念的意识。落后者则基本上属于传统指向者。以上就是追赶流行趋势的几种人，看看您自己属于哪一种。这是不是很有意思呢？

追赶流行趋势的人分为好几种，其中具有冒险精神的革新者占2.5%。
挑战民族服装试试看！
初期采用的人占13.5%。
好像在哪里见过别人穿。
在流行前期采用的人占34.0%。
今年流行民族风。
Gan Gan
在流行后期采用的人占34.0%。
大家都穿民族服装，我也赶快穿吧。
更晚一些时候采用的落后者占16.0%
你也穿啊。
嗯。
错误理解流行趋势的人占0.02%。
土著民族服装

见到有困难的人，不愿出手相救的心理原因

~ 袖手旁观的社会心理 / 林格曼效应 ~

在地铁中或马路上见到有困难的老人，其实每个人心里都想去帮他们一把。可是，真正采取行动的人却很少。难道是因为城市里的人比较害羞吗？确实有这个因素，但其所占比例相当微小。

有另外一个心理原因，使我们不愿伸出援助之手，那就是当周围有很多人的时候，我们心里就会想："即使我们不去帮助他，也应该有人会出手相助"。这其实是一种依赖别人的想法。在心理学上，这种现象被称为"林格曼效应"。

德国心理学家林格曼曾经做过一个让众人拉网的实验。结果，每当拉网的人数增加，每个人出的力就会减小一点。原本，我们认为人数的增加会发挥相乘效应，即每个人出的力会增加，但实际上并非如此。当人数越多时，人就越会感觉"我只不过是其中一分子"，于是拉网的时候就不那么卖力了。

美国心理学家拉特耐和古利也做过类似的实验。他们将参加实验的人（受验者）分别置于独立的房间中，然后让他们戴上耳机，通过麦克风举行讨论会。受验者处于独立的房间中，互相看不到对方，只能听到别人的声音。在讨论开始后不久，心理学家安排一个人假装哮喘发作，而受验者可以通过耳机知道有人哮喘发作了，看最后有多少人会帮发病者向会议主办方求救。

结果，得到了一组有趣的实验数据：只有一名受验者和一名装病的人开会时，在装病的人发病后的 3 分钟内，100% 的受验者都发出了求救信号；当有两名受验者和一名装病的人开会时，有 60% 的受验者发出求救信号；当受验者增加到 6 人时，只有 30% 的人发出求救信号。有别人在场时，人总会想："即使我不求救，也会有别人求救的"。在现实社会中，有困难的人得不到救助，很多情况下都是这种心理效应起作用的结果。

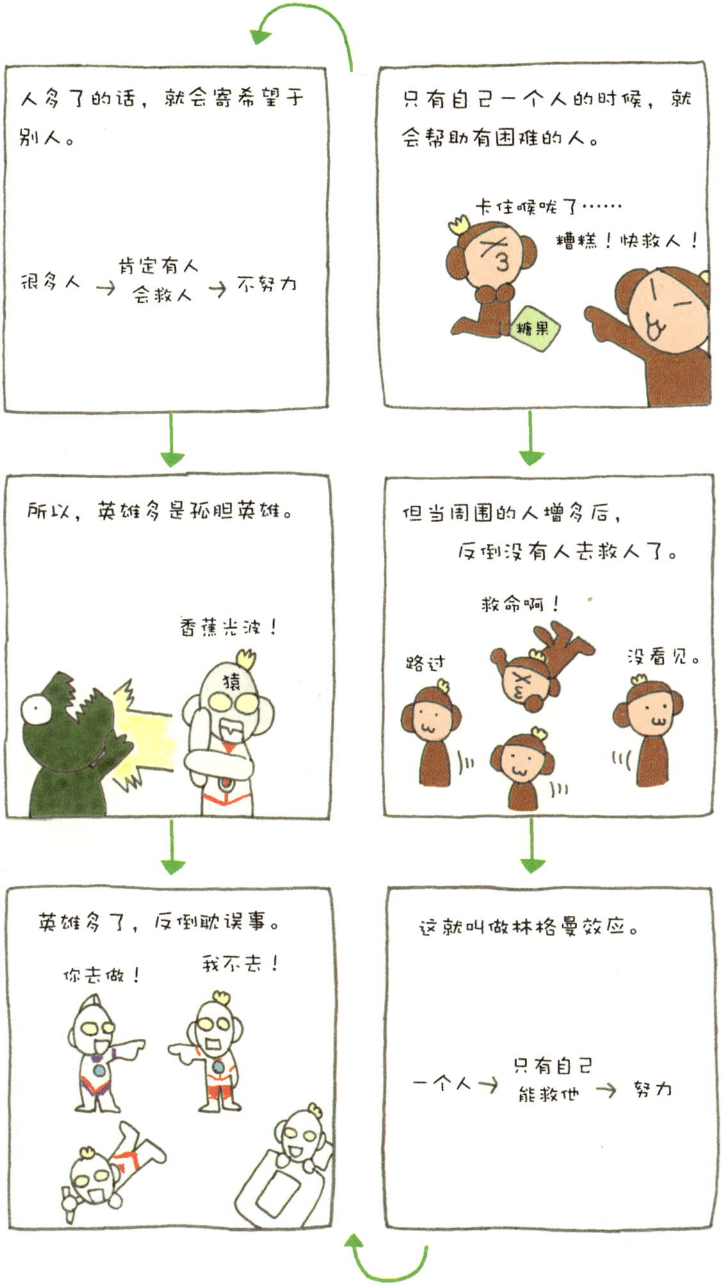
只有自己一个人的时候，就会帮助有困难的人。
卡住喉咙了……
糟糕！快救人！
糖果
人多了的话，就会寄希望于别人。
很多人 → 肯定有人会救人 → 不努力
但当周围的人增多后，反倒没有人去救人了。
救命啊！
路过
没看见。
所以，英雄多是孤胆英雄。
香蕉光波！
猿
英雄多了，反倒耽误事。
你去做！
我不去！
这就叫做林格曼效应。
一个人 → 只有自己能救他 → 努力

喜欢站在胜利者一方的心理原因

~ 乐队车效应与 Underdog 效应 ~

如果问政治家的座右铭是什么，他们肯定会冠冕堂皇地说一些漂亮的至理名言。实际上，在他们内心深处，都有一个同样的座右铭，那就是：永远站在胜利者一方。也就是说，哪一方有获胜把握，就支持哪一方。

日本的政治是派系政治，因此站在胜利者一方也许是政治家生存的必然方式吧。这种行为在心理学上被称为“乐队车效应”。“乐队车”是指在游行中开在最前面、载着乐队演奏音乐的汽车，乐队演奏的音乐使人情绪激昂、不自觉地就想跟在车后面参加游行。这种心理效应在政治家中非常普遍，一般人中也有不少存在这样的心理。

此外，还有一种与乐队车效应相反的心理效应，叫做“Underdog 效应”，即支持弱者效应。对于与自己有直接关系的事情，多会产生“乐队车效应”，即愿意站在胜利者一方，而对于与自己无直接关系的事情，多会产生“Underdog 效应”，即支持弱者或落后者。比如，某位政治家在代表选举中，肯定会支持有把握当选的人，因为这与自己的利益密切相关；而当他观看高中生棒球比赛的时候，多会为落后的队伍加油，因为棒球比赛的输赢对自己没有什么影响。

乐队车效应，在经济活动中也得到了广泛应用。我们经常在电影的宣传广告中听到这样的话：“电影热映中，观众好评如潮”。其实，这些宣传语早在电影上映之前就已经准备好了，目的就是为了激发观众的心理产生“乐队车效应”。观众会这样认为：别人都看了，而且还好评如潮，那么我也要看。其实这只是电影公司的宣传罢了，至于是否“好评如潮”，观众朋友们还要自己做判断。

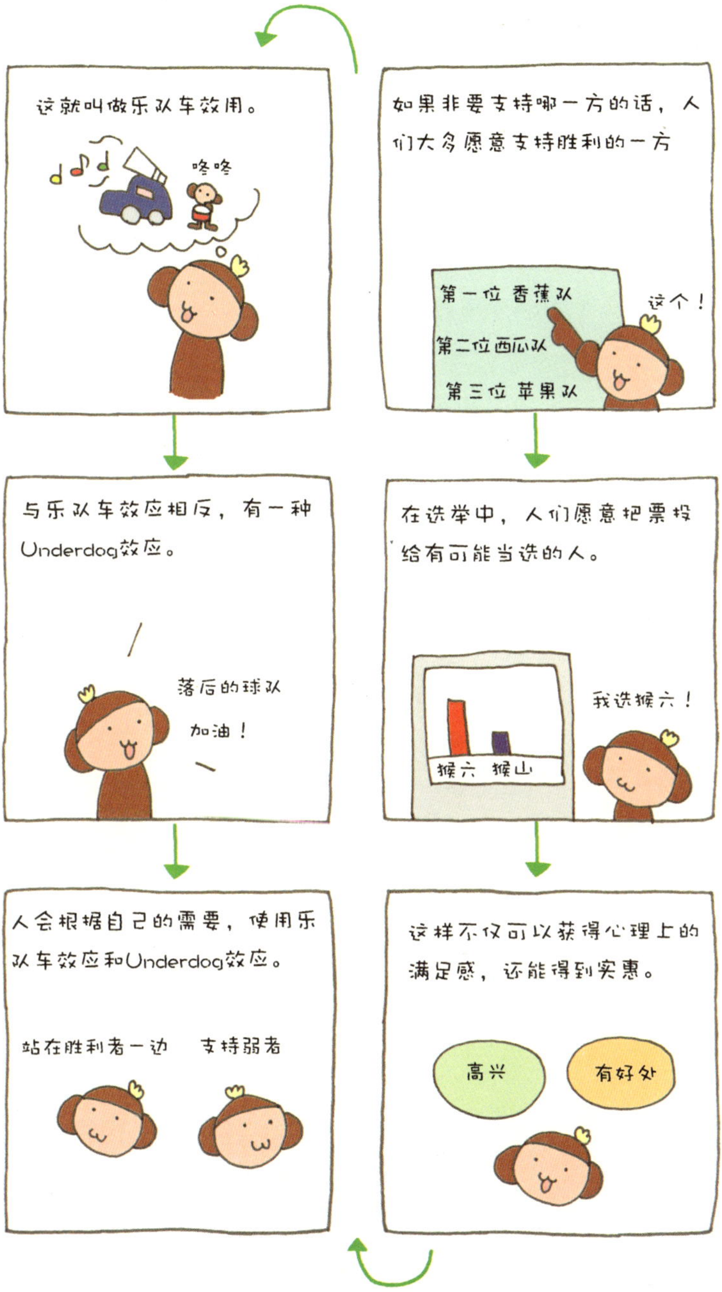
如果非要支持哪一方的话，人们大多愿意支持胜利的一方
第一位 香蕉队
第二位西瓜队
第三位 苹果队
这个！
在选举中，人们愿意把票投给有可能当选的人。
猴六 猴山
我选猴六！
这样不仅可以获得心理上的满足感，还能得到实惠。
高兴
有好处
这就叫做乐队车效用。
咚咚
与乐队车效应相反，有一种Underdog效应。
落后的球队
加油！
人会根据自己的需要，使用乐队车效应和Underdog效应。
站在胜利者一边
支持弱者

外表漂亮好处多多

~ 随意想象对方的光环效应 ~

外表漂亮好处多多。我想所有人都有以貌取人的时候。有调查数据表明，对于漂亮女学生的考卷，大学教授会多加几分；美女在餐厅用餐后，算账时老板都会给予更多的优惠。不仅如此，如果一个人外表漂亮，人们还会觉得他性格好、有能力、聪明……心理学中将这种倾向称之为“光环效应”。一个人背后闪耀的光环会让他看起来更出色。

这一效应并不局限于人的外貌。比如，一提到名牌大学的毕业生，我们不仅会认为他们有学识，还会连带地认为其人格、能力等各方面都很优秀。再者，会说英语本来并不能与工作能力强完全划上等号。然而，如果某个职员会说英语，我们常常会感觉他工作能力很强。反之，如果某人有一点不好的名声，我们就会觉得他一无是处，见到他会觉得他全身都很别扭。此外，如果一个骗子穿上笔挺的西装，装出一副正直、老实的样子，我们大多情况下也会认为他很可靠。因此，以貌取人是非常要不得的。

接下来，为大家介绍一则 2007 年秋天的新闻。苹果公司推出的个人电脑 Mac 的销售量与前一年相比有飞跃性的提高，第四季度的销售增长率是业界平均增长率的 8 倍！首次购买苹果产品的用户也非常多。有经济分析人士认为，苹果公司之前推出的 iPod 和 iPhone，不论品质、设计还是易用性都得到消费者的较高评价，正因为如此，消费者对其个人电脑 Mac 也产生了浓厚的兴趣。也就是说，前两种产品的良好形象，为苹果公司制造了一个光环。在这个光环的照耀下，消费者对其推出的其他产品也抱有很高的期望。这也是光环效应的一种。

如果外表好，
帅！
又在公司担任一定的领导职务，
科长
人们就会觉得这个人各方面都不错。
人格
职务
外表
这就叫做光环效应。
营业部部长
猴山猴夫
猴山商事公司
看起来很耀眼！

角色可以改变一个人

~ 角色的恐怖性与可能性 ~

在公司中您是否有过这样的经历呢？本来一位很和蔼的前辈，自从他升任科长之后就突然变得很严厉了。也就是说，他的角色转变了，人也跟着改变了。这里说的角色，是指在社会生活中承担的责任和发挥的作用。实际上，这个所谓的“角色”是非常恐怖的。当人置身于某个角色时，本来“应该这样”的事情，却变成了“不这样不行”，给人带来很大的精神压力。为了让别人认可自己所担当的角色，人有时会超越自己的原则和价值观，甚至变成另外一种人格。可以说，人会积极地采取一些行为使自己更加适合当前的地位或角色。

2001 年拍摄的电影《ES》，实际是以美国斯坦福大学心理学系的研究人员进行的一个角色实验为脚本的。在电影中，将公开招募的人分成两组，让一组人扮演看守所的狱警，而另一组人则扮演被看管的犯人。这些人被安排在一个模拟看守所中，而实验的目的是研究角色会对人的行为取向造成怎样的影响。实验开始后，扮演狱警的人变得具有攻击性，而扮演囚犯的人则变得顺从。随着实验的进行，受验者的行为逐渐升级，最终发展到无法控制的地步。这一电影作品告诉我们，人所扮演的角色对人的行为会造成很大的影响。

在日本，有一位专门研究儿童集体心理的学者田中熊次，他曾经以小学五年级的学生为对象进行过类似的实验。他让小学生轮流扮演学习委员的角色，结果发现孩子们为了让自己适合学习委员的角色，都变得非常努力。当孩子们身上具备角色性格之后，就会受到周围的表扬，从而更加激励他们努力学习，形成一个良性循环。因此，社会角色在具有很大危险性的同时，也可以激励我们更快成长。

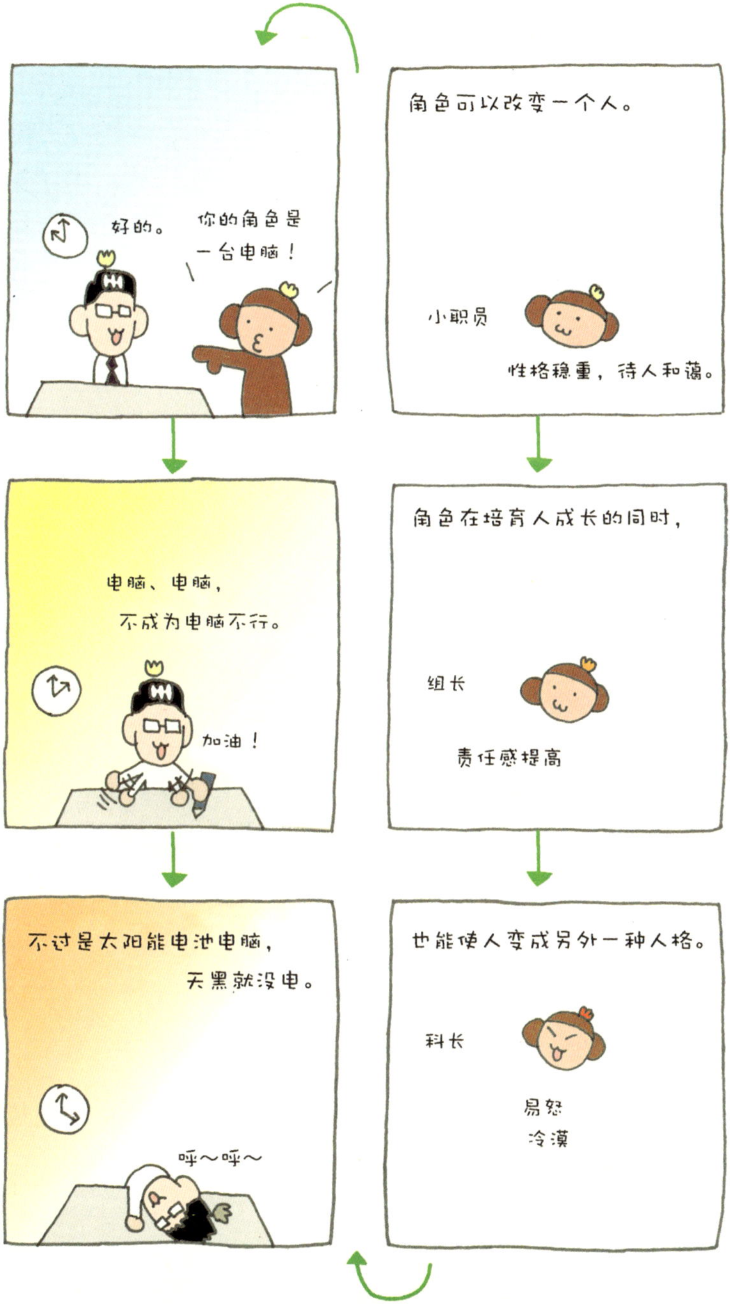
角色可以改变一个人。
小职员
性格稳重，待人和蔼。
角色在培育人成长的同时，
组长
责任感提高
也能使人变成另外一种人格。
科长
易怒
冷漠
好的。
你的角色是
一台电脑！
电脑、电脑，
不成为电脑不行。
加油！
不过是太阳能电池电脑，
天黑就没电。
呼～呼～

看演唱会的时候，观众为什么会跟着唱？

~“没个性化”的恐怖性~

本来性格内向、羞于在人前讲话的人，看演唱会时也会跟着大声唱歌，看体育比赛时也会高声为运动员呐喊助威。同一个人在不同的状况下怎么会有这么大的变化呢？当人把自己埋没于团体之中时，个人意识会变得非常淡薄。心理学将这种现象称为“没个性化”。个人意识变淡薄之后，就不会注意到周围有人在看着自己，觉得“在这里我们可以做自己喜欢做的事情”。巨大的开放感能使自己的欲求进一步增长。反正周围也没有人认识自己，也没有人际关系的束缚，因此害羞的人在这种场合下也会大声唱歌、高声呐喊助威。此外，大声喊叫出来，也是一种释放精神压力的方法，可以使人心情舒畅。因此，有的人甚至大声喊叫上了瘾。

不过，如果这种状态持续发展下去，也存在一定的危险性。当人的自我意识过于淡薄时，就会开始感觉什么事都不是自己做的。比如狂热的足球迷，如果自我意识过于淡薄，就可能发展成危害社会的“足球流氓”。当然，“没个性化”并不会在所有情况下都能导致人丧失社会性。在保持着社会性的团体中，“没个性化”也很难使人做出反社会的行为。

心理学家金巴尔德曾以女大学生为对象进行了一项恐怖的实验。他让参加实验的女大学生对犯错的人进行惩罚。这些女大学生被分为两组，一组人胸前挂着自己的名字，而另一组人则被蒙住头，别人看不到她们的脸。由工作人员扮成犯错的人后，心理学家请参加实验的女大学生发出指示，让她们对犯错的人进行惩罚，惩罚的方法是电击。实验结果表明，蒙着头的那一组人，电击犯错者的时间更长。由此可见，有时，“没个性化”会让人变得很冷酷。

如果演唱会有多名
歌手演出的话，
X学友！
观众的行为，
刘德X！我爱你！
就会更加有趣。
旁边的人
大喊大叫
真讨厌！
进入团体之后，人的个人意识就得变淡薄了。
个人
个人
平时害羞的人，
去看演唱会的话……
去看张X妹的演唱会。
也会跟着大声唱歌。
Oh yeah！

电子邮件内容与自己性格不一致的人们

~ 电子邮件人格与电子邮件交往 ~

电子邮件是一种非常便利的交流工具。现代人的工作和生活很忙碌，有时都不愿意过多交谈，总是一句“回头我给你电子邮件”了事。随着因特网的飞速发展，电子邮件给我们带来了诸多方便，但与此同时也产生了新的问题。其中之一就是所谓的“电子邮件人格”，即通过电子邮件内容了解到的发信人的性格与其实际性格不一致的现象。比如，某人写的电子邮件看起来冷冰冰的，而且似乎还很容易发怒，可是实际上那个人的性格却很温厚。不过，也有些人的电子邮件写得很诚恳，感觉上是个诚实的人，但实际接触以后才发现，那个人非常狡诈。

在普通的交往中，我们一般都会看着对方的表情说话。打电话时，则会通过对方的声音判断其态度。当然，有时我们是有意识地去这样做的，而有时则是无意识的。总之，在交往的过程中，人会根据对方态度的变化控制自己的言行，即所谓的“察言观色”。然而，通过电子邮件交流却无法观其色、闻其声。在面对面谈话时，我们可以根据对方的脸色判断其态度，然后调整自己的说话方式，选择合适的语气、语言，但通过电子邮件交流时却无法做到这一点。写邮件时，完全是自己一个人在说话，而且人还会出现一种兴奋状态，感情和情绪等有时甚至容易失控。这样写出来的邮件，肯定容易被对方误解。因此，我建议大家在发送邮件之前，应该站在对方的角度重新审视一下自己所写的邮件。

此外，收信人读邮件时也存在问题。我们不仅是在说话的时候，在其他时候也会根据对方传递来的各种各样的信息（眼神、服装、动作等）来分析其状态、判断其性格。然而，在读电子邮件时，根本看不到对方的样子，只能根据邮件的内容来想象对方的状态和性格，这样当然容易产生误解。

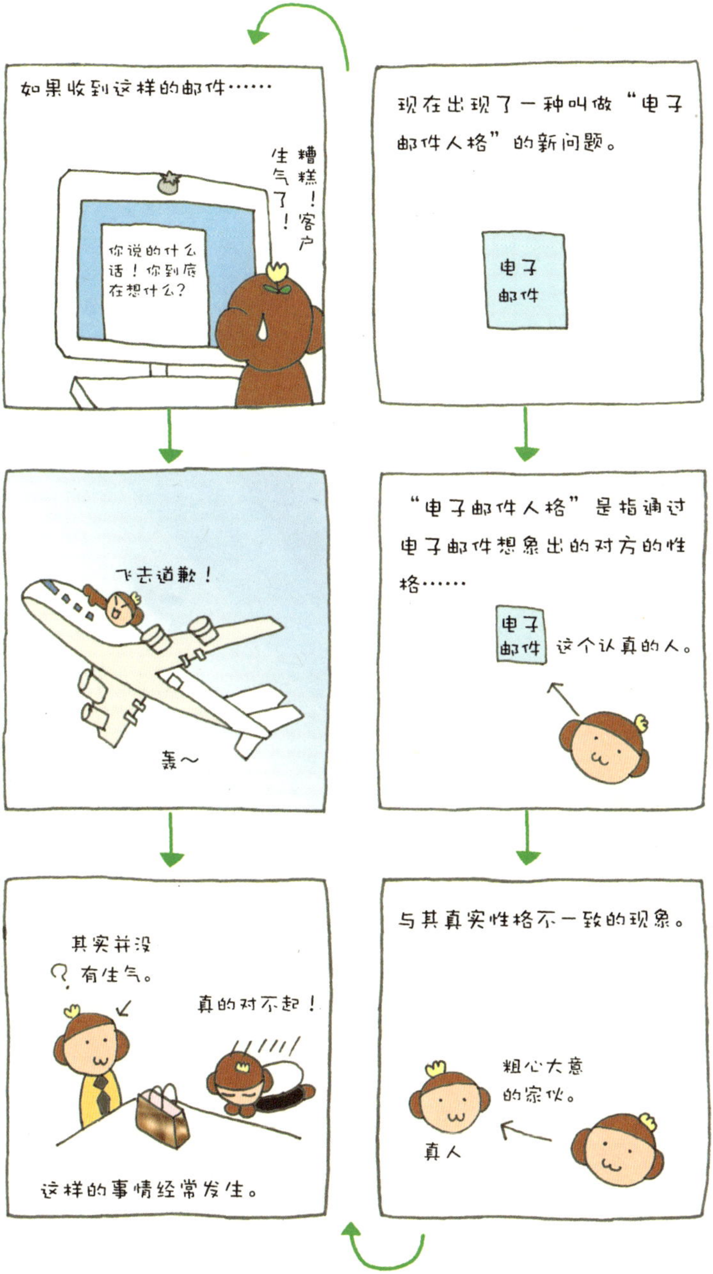
现在出现了一种叫做“电子邮件人格”的新问题。
电子邮件
“电子邮件人格”是指通过电子邮件想象出的对方的性格……
电子邮件
这个认真的人。
与其真实性格不一致的现象。
粗心大意的家伙。
真人
如果收到这样的邮件……
你说的什么话！你到底在想什么？
糟糕！客户生气了！
飞去道歉！
轰～
其实并没有生气。
真的对不起！
这样的事情经常发生。

为什么政治家喜欢日式餐厅？

~ 政治家说服别人的秘诀——“餐桌技巧” ~

政治家在晚上聚会时，大多会选择日式餐厅，这是为什么呢？日式餐厅多是独立的雅间，非常适合政治家们进行密谈，不过这只是原因之一。此外，政治家都很忙碌，吃饭的时间也不愿意浪费，他们会把餐桌当成办公的谈判桌。

可是，为什么偏偏钟爱日式餐厅呢？这其中是有原因的。首先，人在吃饭的时候谈事情，更容易赞成对方的观点。吃饭时，对方和自己一同分享美食，快乐和充实感是共有的，因此会对对方抱有好意。不仅如此，吃饭这一行为，可以使人放松，降低心理上的防备。再者，日式餐厅内的颜色也有使人放松的作用。米色或芥末色的墙壁，不仅可以进入眼睛令人心情放松，还能透过皮肤缓解肌肉的紧张，从而使人整个身心都放松下来。

在这种状态下，人更容易接受对方的观点。利用这种心理效果的技巧叫做“餐桌技巧”，这是政治家和公司的管理者经常使用的技巧。这种技巧不仅在日本常被使用，在美国的政治世界中也得到了广泛应用。

关于餐桌技巧，心理学家也进行过各种各样的实验。例如，有实验结果显示，与不吃东西时相比，人在吃东西时读评论文章，会向更好的方向去理解。很多企业会通过宴请客户或员工的方式，在餐桌上提出各种主张和要求。不过，最近这种技巧经常被心术不正的人所利用。比如，有些恶意的推销员，会请您吃饭，并在餐桌上瞅准时机对您进行劝诱。对于这类人，不要在意他们在吃饭前说的话，要对他们在吃饭过程中说的话提高警惕。如果能理解“餐桌技巧”，就能看清对方的意图，也就不会在餐桌上上当受骗了。

人在吃东西的时候，
吧嗒
吧嗒
更容易接受对方的观点。
好意 ←共有← 美味
再加上日式餐厅的装修风格令人放松，所以进一步提高了“餐桌技巧”的效果。
使人放松的颜色。
今年过生日，你给我买条钻石项链吧！
这就是餐桌技巧。
嗯，好啊。
第二天晚饭时……
别以为只有你会用餐桌技巧！
不买钻石项链
好的。

爱情是被荷尔蒙冲昏头脑的结果吗？
其实，爱情也是一门科学。

第三章

为什么酒吧都很昏暗？

（恋爱心理学篇）

心理学在恋爱中无处不在。如果您感觉自己总是无法准确把握异性的心理，那不妨来学习一下恋爱心理学的知识，相信一定能帮您理解对方的心理，构筑良好的关系。

喜欢一个人，需要理由吗？

~ 让人陷入爱情的种种原因① ~

没有爱情滋养的人生，是灰暗的人生。爱情对于一个人来说，是非常重要的。可是，人在恋爱时，究竟是被对方的什么所吸引呢？人为什么会喜欢另外一个人呢？

韩国热播电视剧《冬季恋歌》中有一句台词非常耐人寻味。民亨问玉真到底喜欢尚赫哪一点，结果玉真列举了尚赫的种种优点。民亨听后笑了，他说玉真喜欢尚赫的地方太多了，其实喜欢一个人时，不需要什么理由。

不过，真的是这样吗？心理学上认为，人喜欢另一个人是有原因的，并对此进行了各种各样的研究。心理学家研究出来的恋爱理由，不仅多而且很复杂。这里给大家举几个具有代表性的恋爱理由。对方的哪个方面对自己的吸引力最大？自己是什么时候坠入情网的？您不妨回忆一下自己的恋爱经历，分析一下自己的恋爱理由，其实非常有趣。

1. 对方身体的魅力

所谓身体的魅力，简单地说就是一个人容貌和身姿的魅力。您肯定认为这是理所当然的，因为大家都喜欢漂亮的异性。心理学的很多实验也证明，身体魅力高的人更容易获得异性的青睐。不过，并不是所有身体魅力高的人都会成为自己的恋爱对象。

在大多数情况下，人都愿意找与自己身体魅力相当的人谈恋爱。虽然大家都向往与身体魅力高的谈恋爱，但是如果对方的身体魅力高出自己太多的话，我们自己首先就会打起退堂鼓，心想："对方的容貌太出众了，我配不上他（她），而且如果我开口的话，肯定会遭到拒绝"。于是，人在大多数情况下都会找与自己条件差不多的异性谈恋爱。心理学将这种心理称为"匹配假说"。

这副眼镜可以测定异性的魅力值，戴上它，去找适合你的异性吧。
好的！
?
啊！
3分……
很多人都会被异性的漂亮容貌所吸引。
好啦！
靓！
但是，并不是所有人都会找美女、帅哥谈恋爱。
美
普通
吡吡……
大多数情况下，人都会找与自己条件相当的人谈恋爱。
啊！
吡卟
这就是心理学上的“匹配假说”。

喜欢一个人，需要理由吗？

~ 让人陷入爱情的种种原因② ~

2. 与自己行为模式相似的异性

曾经有一对陌生男女，在家用电器卖场的电视机专柜前被同一个电视节目所吸引。当他们发现对方和自己喜欢同一个节目时，互相产生了好感，后来竟然成了情侣。

当人的价值观、金钱观、喜好等相似的时候，容易相互产生好感。人的态度、行为模式的相似性越高，就越容易喜欢对方，这是使人们陷入爱情的“相似性原因”。反之，情趣爱好、行为模式相差很远的两个人，也很难发展恋情。美国心理学家经调查发现，即使一对情侣都喜欢体育运动，如果各自喜欢的项目不同，他们最终也不容易走向婚礼的殿堂。

如果对方比自己稍微优秀一点，即自己对对方充满了尊敬的话，那么相似性的效果会加强，自己更容易喜欢上对方。如果两个人相似性比较多，在谈话中能够找到共同的乐趣，那么人的认知会达到一种平衡的状态。如果这种状态能保持下去，互相之间也会产生好感。

3. 对性格的喜好

性格，也是我们寻找恋爱对象时一个重要的衡量因素。简单地说，任何人都喜欢找一位性格好的异性做自己的伴侣。可是，到底哪种性格算是好性格呢？对性格的喜好存在较大的个人差异，所以不能一概而论。

美国学者安德森曾进做过一项调查，研究人们喜欢哪种性格。他准备了555个形容性格特性的词语，然后请100名大学生为这些词语评分，评分标准分0~6七个等级。结果表明，得分较高的有“诚实”、“正直”、“善解人意”、“忠实”、“可以信赖”、“理性”、“可靠”和“心胸宽广”等，而得分较低的有“爱撒谎”、“卑鄙下流”等。

人如果发现对方身上有和自己相似的地方，
啊，他也喜欢体育运动。
就会很安心，并容易对其敞开心扉。
我喜欢体育运动。
这就是恋爱中的相似性因素。
相似性
安心
好感
相似的深度比相似地方的多少更重要。
相似地方的数量
深度
真巧啊！我也喜欢。
我的兴趣是鉴赏窨井盖。
这个盖子的形状真好。
Love love
它的标志很漂亮。

喜欢一个人，需要理由吗？

~ 让人陷入爱情的种种原因③ ~

4. 了解对方心情

在情侣分手时，我们经常能听到这样一句话：我根本就不了解你在想什么！反过来看，也就是说，彼此了解对方的心情，对两个人的恋爱关系是非常关键的。当然，在恋爱开始时，了解对方喜欢自己的心情，也是非常重要的。对于喜欢自己的人，人有一种容易喜欢上他（她）的倾向。这叫做“好感的回报性”，即接受了爱情，我们也想用爱情回报对方。

5. 自己的心理状态

当有一位漂亮、可爱的异性出现在自己面前时，我们不一定会喜欢上对方。自己当时的心理状态也很重要。在一定的兴奋状态下（比如心情很好的时候），人就有种想找个人谈恋爱的冲动。想找个人陪的心情叫做“亲和欲求”，当人情绪不安的时候，亲和欲求就会高涨起来。

6. 社会背景、周围背景

当孩子们进入高中或考上大学之后，会发现身边的朋友都开始谈恋爱了。在这样的环境中，自己也想找个人谈恋爱。这也是同调行为的一种体现。当周围朋友中谈恋爱的人数逐渐增多时，人的同调行为会逐渐转变成一种强迫观念，认为自己不谈恋爱不行。结果，降低了自己对恋爱对象的理想或标准，于是很容易就恋爱了。

如果身边的朋友都有了恋人，
那么，自己也想谈恋爱。
这是同调行为的一种。
大家都有恋人
↓
我也想找人谈恋爱
我的条件不错，
我只找条件好的！
啊！
就是她了。
Lock on...
救命啊！
等等！
心上人。
爱情越追越远……

吊桥上产生的爱情

~ 爱情的吊桥理论 ~

爱情会在各种各样的地方产生，也许您认为谈恋爱和场所没什么关系。实际上，有些地方更容易让人擦出爱情的火花，那就是令人两腿发软的高空吊桥。

接下来，我为大家介绍恋爱心理学上一个非常著名的实验。加拿大心理学家达顿等人分别在两座桥上对 18~35 岁的男性进行问卷调查。一座桥是高悬于山谷之上的吊桥，吊桥距离下面的河面有几十米高，而且左摇右晃，非常危险；而另一座桥是架在小溪上的一座坚固的木桥，高度也很低。心理学家先让一位漂亮的女士站在桥中间，并由这位女士负责对男士们进行问卷调查。然后，让接受实验的 18~35 岁的男性过桥，并在桥中央接受问卷调查。

做完问卷调查后，那位女士会对男士说："如果想知道调查结果的话，过几天给我打电话。"并将自己的电话号码告诉给男士。结果，数日之后，给这位女士打电话的男士中，过吊桥的男士远比过木桥的男士多。为什么过吊桥的男士会有这样的行为呢？因为他们把过吊桥时那种战战兢兢、心跳加快的感觉误认为是恋爱的感觉了，而恋爱也会令人心跳加速。这就是所谓的"吊桥理论"或者"恋爱的吊桥理论"。

也就是说，如果善于应用这种心理效应，更容易获得异性的芳心。您可以带您喜欢的人一起去过吊桥或者其他较高的地方，共同感受那种心跳加快的感觉。如果实在找不到合适的地方，去游乐园一同乘坐过山车也是不错的选择。更简单的方法就是一起去看恐怖电影，美国的年轻情侣就经常一同去看恐怖电影。连年轻人都知道这种方法，看来美国人还真是善于运用心理学啊！

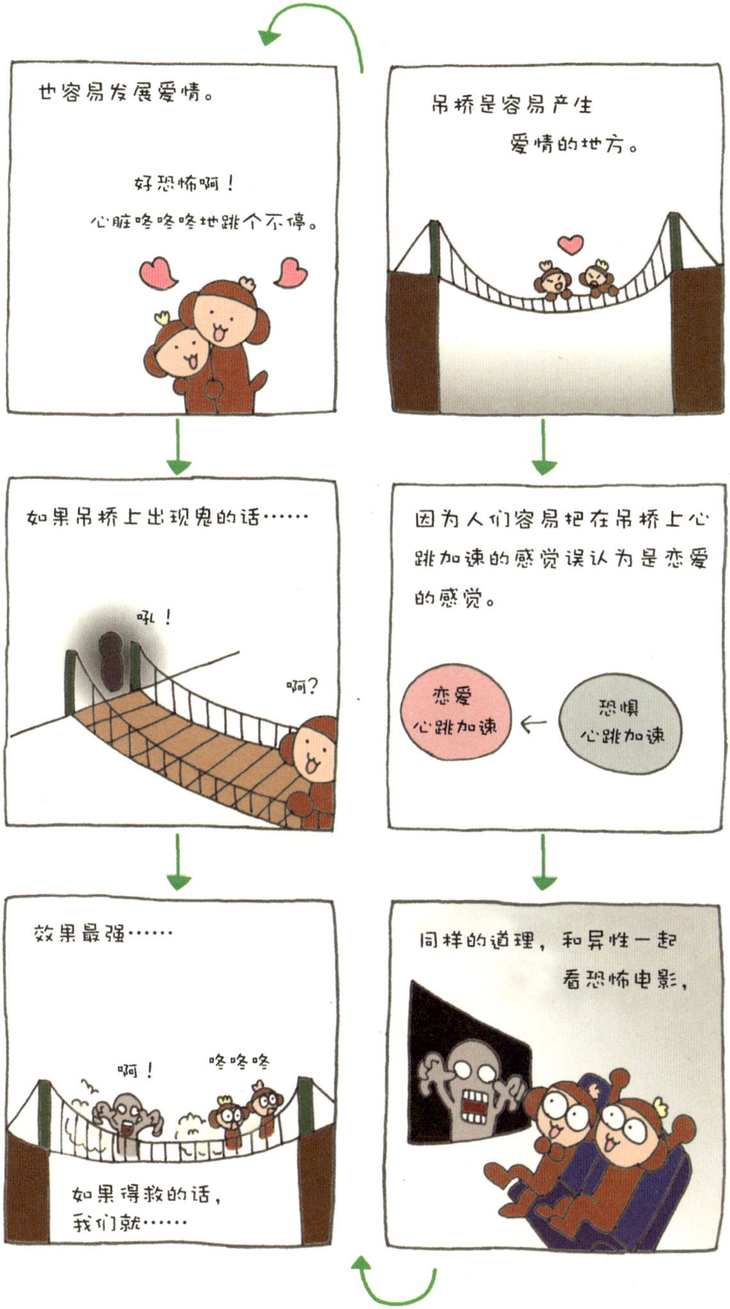
吊桥是容易产生爱情的地方。
因为人们容易把在吊桥上心跳加速的感觉误认为是恋爱的感觉。
恋爱
心跳加速
恐惧
心跳加速
同样的道理，和异性一起看恐怖电影，
也容易发展爱情。
好恐怖啊！
心脏咚咚咚地跳个不停。
如果吊桥上出现鬼的话……
吼！
啊？
效果最强……
啊！
咚咚咚
如果得救的话，
我们就……

“一见钟情”的心理原因

~ 瞬间产生的爱情，靠得住吗？ ~

世上恐怕没有比“一见钟情”更美的词了。看一眼，就爱上了对方，简直太美、太浪漫了。如果双方彼此一见钟情的话，我想这绝不能用“偶然”来形容，用“神奇”才更贴切。

实际上，到目前为止，学者们还没有完全揭开“一见钟情”的秘密。一见钟情存在较大的个人差异，有人经常一见钟情，而有人从未一见钟情过。此外，还有的人一生就只一见钟情过一次，结果就和对方结婚并厮守到老。这样的例子在现实生活中还很常见。那么，人到底为什么会一见钟情呢？关于这个问题，在目前的心理学界还是众说纷纭。

从认知心理学的角度来看，如果对方的眼睛、鼻子、嘴巴等器官和自己的相似，我们就会对对方产生亲近感，这种亲近感是发展爱情的基础。还有一种说法认为，有人会对和自己免疫类型完全不同的人产生好感，他们能从对方身上感受到一种“传达物质”，这种物质也能促进爱情的发展。的确，人类想寻找自身所不具备的免疫类型，这从生物学的角度也能解释。非常有趣的是，前一种说法认为，人会对与自己相似的异性一见钟情；而后一种说法认为，人会对与自己不同的异性一见钟情。

最近，又有一种新的说法。认为人的大脑具有一种在瞬间找到结论的“适应性无意识”功能。这种能力与直觉不同，它是人类所具有的一种瞬间判断能力。也就是说，任何人都能在一瞬间看清事物的本质或者找出问题的结论。有些人一生只有一次一见钟情的经历，就能和一见钟情的对象厮守终生。这让我们相信，他们就是在一瞬间找到了这辈子最适合自己的人。因而，一见钟情所产生的爱情并不是暂时的感情，也许这才是爱情的本质。

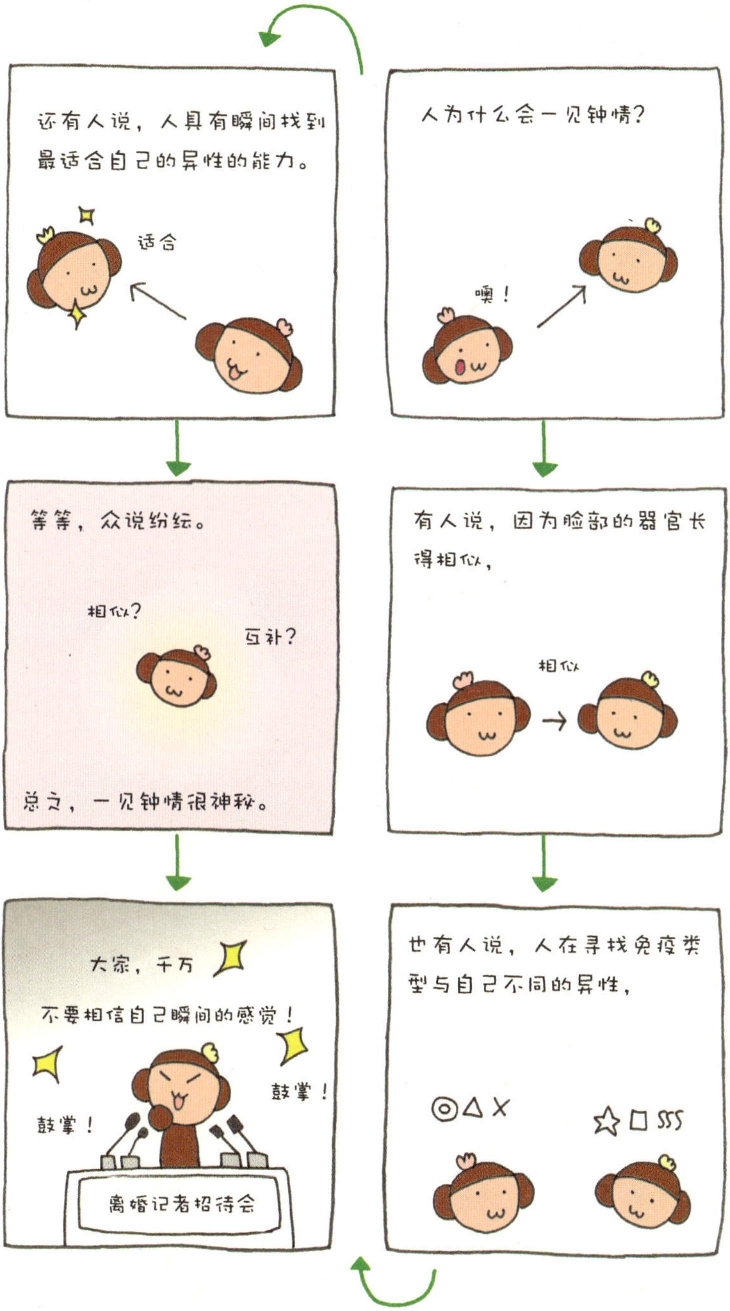

人为什么会一见钟情?
噢!
有人说，因为脸部的器官长得相似，
相似
也有人说，人在寻找免疫类型与自己不同的异性，
◎△✕
☆□ SSS
还有人说，人具有瞬间找到最适合自己的异性的能力。
适合
等等，众说纷纭。
相似?
互补?
总之，一见钟情很神秘。
大家，千万
不要相信自己瞬间的感觉!
鼓掌!
鼓掌!
离婚记者招待会

拉近心理距离的方法

~ 打开心扉，自我告白 ~

有时，闲来无事随意聊天的男女，也许会在某个瞬间坠入爱河。还有，刚开始谈恋爱的两个人，有时会因为某件事，感情突然加深很多。其中一种情况就是，一方敞开心扉，向对方说了很重要的事情。

比如，从未向任何人说起过的秘密、家庭内的问题等等，这就叫做“自我告白”。不论说的人还是听的人，都会增加对对方的亲密感。由于自我告白只限于自己信任的人、亲密的人，听的人就会感觉对方信任自己，没把自己当外人，于是也会信任对方。而且，有趣的是，听的人也会以相同的程度进行自我告白。因为对方信任我、说了他的秘密，我也要把自己的秘密告诉他，这就是“自我告白的回报性”。经调查显示，女性更善于使用自我告白的方法来构筑良好的人际关系，而男性则很少对别人进行自我告白。

与自我告白类似，心理学上还有一种说法叫做“自我呈现”。自我呈现，是指意识到别人在注意自己，然后有意识地去做对方期待的行为、说对方期待的话。也就是说，这是一种有意识地塑造自我的行为。1986 年，日本的中村教授进行了一项试验，以自我呈现的形式向参加试验的人说自夸的话和谦虚的话，然后看这些人更喜欢哪一种。他事先准备了一些台词，以谦虚的话为基础，在其中加入自夸的话，只不过自夸的话所占的比例有所变化。结果表明，当自夸的话占 60% 的时候，是最受人欢迎的。也就是说，自夸的话太多，或者太过谦虚，都是不好的。

如果能敞开心扉，说出自己的秘密，
噢！
其实，我小时候，大家都叫我猴子。
就能拉近对方与自己的心理距离，
嗯，我能理解。
真的吗？
对方也会同等程度地敞开心扉。
其实，我也曾被别人叫过猴子。
结果，两个人就变得亲近起来。
互相知道了对方的秘密。
不过，就怕一开口就收不住的人。
呵呵。
以前，我还往校长的抽屉里放过青蛙。
还往猴八老师的抽屉里放过毛毛虫。
救命啊……
说得太多，反倒会招人讨厌。

第一印象非常重要

～决定整体印象的“开头效应”～

两个人初次见面时，留给对方的第一印象非常重要。也许很多女性会说：“我不以第一印象来判断别人。”实际上，第一印象或多或少都会对人物的整体评价产生影响。

接下来，我们来做一个实验。请您暂时抛开心中的杂念，认真听我为您读以下两个人的简单介绍。

A 君，28 岁，男性，供职于 A 商业公司。同事们都对他的勤奋、认真表示赞许。他的缺点是不够耐心，不过深得部下的信任。

B 君，28 岁，男性，供职于 B 商业公司。他的缺点是不够耐心。同事们都对他的勤奋、认真表示赞许，而且深得部下的信任。

听了以上两个人的简介之后，您更喜欢哪个人呢？两个人的简介内容基本是一样的，听者也许感觉不到太大的差别。不过，您是不是对 B 君不够耐心的缺点印象更加深刻呢？实际上，两个人都有不够耐心的缺点，只是“不够耐心”在介绍文中出现的位置不同罢了。放在前面，就更容易让人记住，这就使所谓的“开头效应”。换句话说，开头出现的内容，将左右一个人的整体评价。

因此，最先给别人的信息是非常重要的。对于初次见面的人，我们一定要注意自己的形象和言行。否则，可能会影响对方对我们的整体评价。总而言之，第一印象是非常重要的。

猴田君当上了刑警，今天是
他第一天上班的日子。
穿哪一件好呢?
猴田君深知第一印象的
重要性。
工装裤、白T恤，看起来干练
又显年轻。
人往往根据第一印象
判断别人。
你的代号
是工装裤。
用服装当代号也好听。
上司
轰
糟糕！
啪嚓
我叫猴田。
上司
你的代号是
水滴大裤衩。
上司

接触越多越喜欢对方

~“单纯接触原理”、“靠近的因素”、“熟知性法则”~

在第二章中，我们已经讲过私人空间的问题。私人空间对我们来说是一种非常主观的存在。我们不愿让自己不喜欢的人进入这个空间，但期待自己喜欢的异性进入自己的私人空间。

不过，人是一种非常有趣的动物。即使我们对对方（异性）完全不感兴趣，但是如果对方在自己的私人空间中存在很长时间，我们也会渐渐对其产生好感。在心理学上，这叫做“单纯接触原理”。如果对方与自己比较靠近，时间长了我们也会对其产生好感。这叫做“靠近的因素”。比如，在学校或者公司，同学或同事的座位都是固定的，时间长了，人就容易对离自己比较近的异性产生好感。再者，相互了解也有助于增加好感。这叫做“熟知性法则”。以上三种心理效应，可谓是恋爱的“王道”。

然而，如果对方的拒绝反应非常强烈，以上的效果就可能演变成反作用。虽然说刚遭到拒绝的时候，我们尽量接近对方也许能让对方改变想法。可是，如果一味死缠不放，也许只会令对方产生厌恶心理。

如果一对恋人天各一方，又不能经常见面，彼此的感情就会逐渐变淡。男女间的物理距离太大也可以导致心理距离的疏远。可以说，距离是爱情的头号敌人。心理学上将其称之为“博萨德法则”，我们称其为“爱情与距离成反比法则”。美国心理学家博萨德曾经对5000对已经订婚的情侣进行调查，结果发现其中两地分居的情侣最终结婚的比例很低。在罗密欧与朱丽叶效应中，障碍反倒能加深恋人之间的感情。然而，距离对于爱情来说，似乎是一道无法逾越的障碍。

越接触就越容易产生好感。
（单纯接触原理）
好感
对自己附近的人，会渐渐产生好感。
（靠近的因素）
好感
了解对方越多，就越容易喜欢上对方。
（熟知性法则）
·兴趣
·特长
·家庭
好感
公司中的同事容易发展恋爱关系，就是因为上述原因。
嗯?
社长
啊！郁闷！

恋爱达人的秘诀

~ 先贬后褒的效果 ~

我认识一个人称“恋爱达人”的男士。他作派强硬，平时总是一副很酷的表情，但却经常俘获女性的芳心。与那种善于向女性献殷勤的男子不同，他从不主动表扬女性。那么，他究竟是靠什么赢得爱情的呢？

和女性谈话时，他一般比较冷淡。比如，他会说“你今天的妆化得太浓了”，一张嘴就是这样否定的口吻。不过，他并不是“毒舌男”。其实，他的内心比外表温柔多了。在贬低之后，他总会加上一两句褒奖的话，比如“本来很漂亮的脸，化那么浓的妆太可惜了。”听了这么一句话后，一般的女性都会对他产生好感。这到底是一种什么现象呢？先看一下以下四种说话方式，您认为哪一种最能让对方开心呢？

- **从头到尾都是褒奖**
- **先褒奖，后贬低**
- **先贬低，后褒奖**
- **从头到尾都是贬低**

实际上，最能让对方开心的方法并不是从头到尾一味地褒奖，而是先贬低后褒奖。先贬低，伤了对方的自尊心。然后再褒奖，使对方有种由低处往上升的感觉，能真实感受到被表扬的开心感。因此，这是褒奖女性的有效方法。

最要不得的就是先褒奖后贬低，这样只会把对方弄得非常郁闷。不过，如果后来的贬低与先前的褒奖之间的落差并不大，再加上适当的说话方式，也许由于最初褒奖的“开头效应”已经给对方留下一个好印象，之后的轻微贬低也不会引起对方太多的反感。然而，对于先贬低后褒奖的方法来说，如果掌握不好尺度，开始的贬低太过严厉，之后不管如果褒奖，也无法让对方开心。

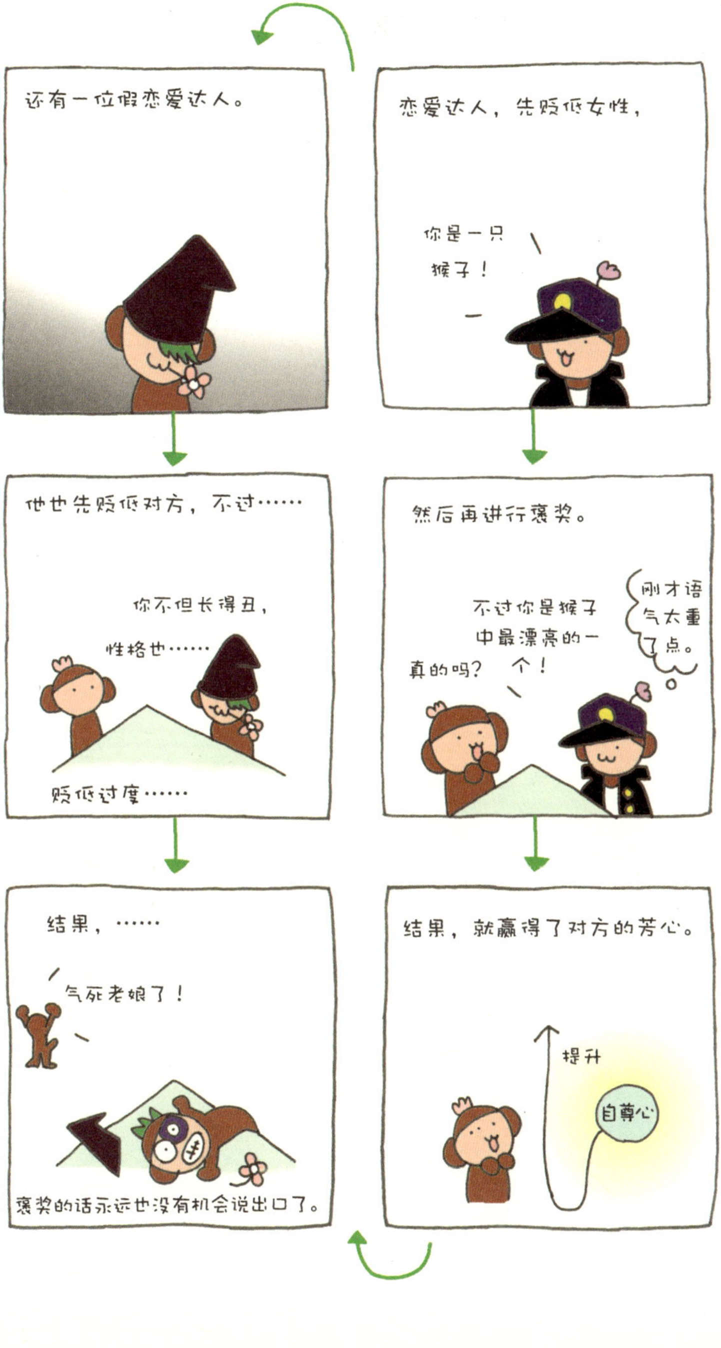
还有一位假恋爱达人。
恋爱达人，先贬低女性，
你是一只猴子！
他也先贬低对方，不过……
你不但长得丑，
性格也……
贬低过度……
然后再进行褒奖。
刚才语气太重了点。
不过你是猴子中最漂亮的一个！
真的吗？
结果，……
气死老娘了！
褒奖的话永远也没有机会说出口了。
结果，就赢得了对方的芳心。
提升
自尊心

为什么酒吧都很昏暗？

~昏暗中正好有恋爱的机会~

一提到酒吧，我们就想到昏暗的吧台和吧台后面那有点吓人的酒保（调酒师、掌柜）。那是大人们买醉的去处。酒吧之所以要昏暗，其中有一定的原因。包括人类在内的很多动物，眼睛都会不自觉地往明亮的地方看，而昏暗的环境可以阻隔别人的视线，因而人们可以安心地饮酒作乐。

不过，酒吧昏暗的原因不仅仅如此。对于谈情说爱的男女来说，昏暗的环境也是相当惬意的。心理学家卡根曾做过一个实验，目的是调查在明亮和昏暗的房间中男女的行为会有什么不同。结果显示，在昏暗的小房间中，男女身体紧密接触，亲密感激增。也就是说，昏暗的环境可以使男女之间变得非常亲密。此外，人喝了酒之后，视力就没有清醒时好了。因此，男性喝醉酒之后，眼中的“美女”往往比实际还要漂亮。如果再加上昏暗的光线，这种效果就更强了。

因此，酒吧可以说是男性向女性表达心意的理想场所，而对于女性来说，酒吧简直就是一个可以“一石二鸟”的好地方。如果女性对男性说“走！带你去一个我熟悉的酒吧”，这样一来可以刺激男性的自尊心，与此同时，在酒吧里还能让自己显得更漂亮。也许有人说，日式居酒屋也适合谈情说爱，但那里总让人感觉太过传统、放不开。相反，在酒吧里，座椅之间的距离都比较近，和对方也就相距 70~80 厘米，相互可以进入彼此的私人空间。如果长时间待在对方的私人空间中，双方更容易发展恋情。

在美国西部拓荒时代，酒馆里卖酒时对每位客人有量的限制。然而，常有酒客喝醉之后，自行到柜台里拿酒喝，于是酒馆便在客人的桌子与柜台之间设置了一根横木。这就是如今吧台的雏形。也就是说，吧台本来有控制客人饮酒量的作用。后来，在吧台的阻隔之下，客人只好把想喝酒的冲动转移到身边异性的身上。这也是酒吧为什么适合谈情说爱的原因之一。

酒吧光线昏暗，其中有一定的原因。
吱
吱
昏暗的环境可以阻隔别人的视线，从而人们能够安心饮酒。
昏暗
安心
看不清
饮酒作乐
原因不仅如此，昏暗还能增进异性之间的亲密感。
而且，还能看到“美女”。
所以，可以说酒吧是男女谈情说爱的“圣地”。
掌柜的，算账！
账单
啤酒6万
香蕉8万
合计23万
安?
只要不是黑店的话……

为什么高级宾馆的酒吧都设在最高层?

~ 最适合谈恋爱的空间 ~

很多酒吧都设在地下，而惟独高级宾馆的酒吧设在大厦的最高层，这是为什么呢？这个问题困扰了心理学家很多年。最近，终于有心理学家通过种种实验揭开了其中的秘密。大城市的高级酒店，一般都是很高的大厦。酒吧之所以设置在最高层，是因为晚上从那里可以看见漂亮的城市夜景。看到如此美丽的夜景，人的心情也会无比舒畅。在这种状态下，对身边的人也会产生好的印象，再加上美酒、美食，效果就更强了。

此外，酒吧桌椅的摆放特点也能拉近人与人之间的距离。这样一来，饮美酒、品美食、赏美景的高级享受，就成为约会男女所共有的美好感受。再加上微暗的照明，大厦最高层的酒吧可以说是增进男女之间感情的最佳场所。再者，顾客的层次，也对酒吧的氛围有很大的影响。在高级宾馆的酒吧中，经常有外国客人出入，不知道为什么，有外国人在的地方，会让人感觉很高级。

在这样美妙的环境中，如果男士能把握好时机说一些“甜言蜜语”，准能俘获女士的芳心。举个例子，我有个朋友，人称“恋爱之神”。他和女性经过几次约会之后，总会带对方到高级宾馆的酒吧去。每当女士陶醉于美丽的夜景，不禁赞叹“这夜景真美”的时候，他总会不失时机地说上一句：“夜景再美也比不上你的美。”这句话太有杀伤力了，还从来没有女性在他这句话下“逃脱”。不知不觉，主动权已经掌握在了男方的手中，而且楼下就是宾馆的客房，这更能刺激人们的情欲。不过，很多心术不正的男性也深谙这个道理，经常会在高级宾馆的酒吧为女性设下“爱情的陷阱”。女性朋友可要提高警惕。

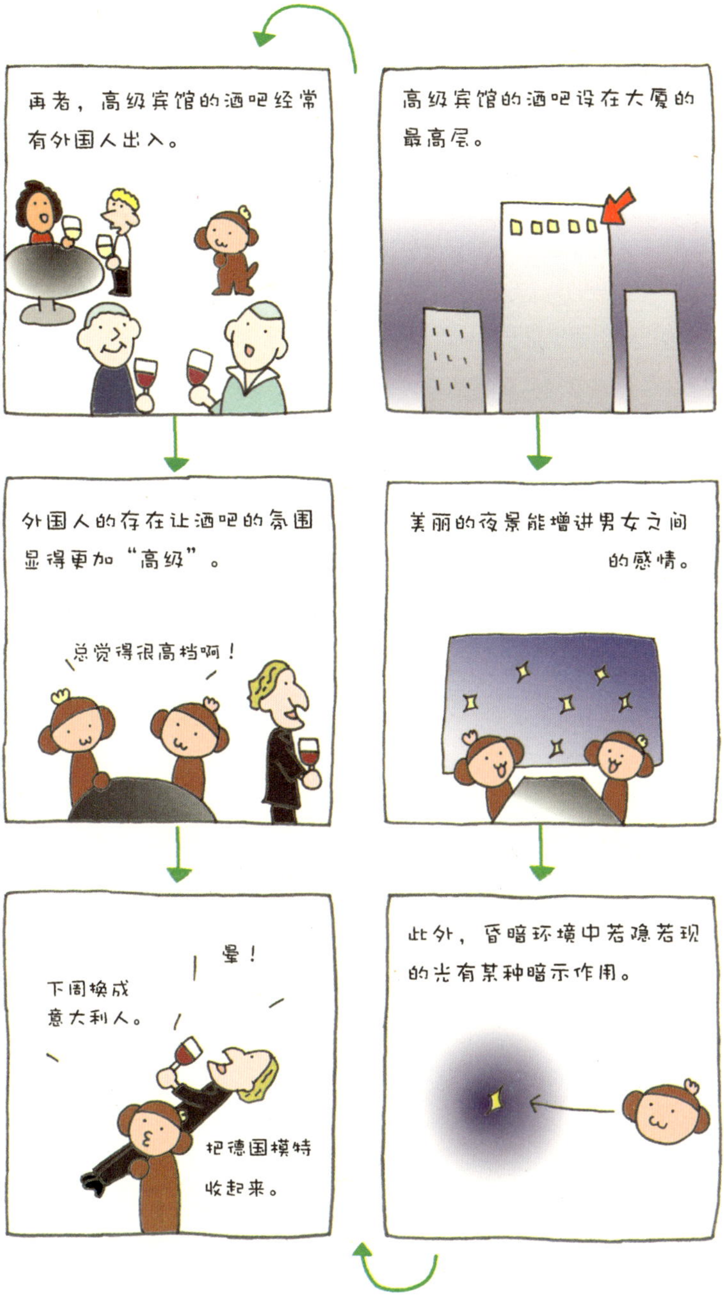
高级宾馆的酒吧设在大厦的最高层。
美丽的夜景能增进男女之间的感情。
此外，昏暗环境中若隐若现的光有某种暗示作用。
再者，高级宾馆的酒吧经常有外国人出入。
外国人的存在让酒吧的氛围显得更加“高级”。
总觉得很高档啊！
下周换成意大利人。
晕！
把德国模特收起来。

恋爱的 SVR 理论

~ 恋爱的三个阶段 ~

其实，恋爱也是有理论可循的。在心理学家默斯特因（Murstein）的“SVR 理论”中，认为两个人从相识到结婚，分为三个阶段。

S 阶段　刺激阶段（Stimulus）

受到对方外表、行为、性格等的刺激。

V 阶段　价值阶段（Value）

思维方式和行为模式相似，对感情顺利发展很重要。

R 阶段　角色阶段（Role）

分配角色，相互补充。

当两个人初次见面时，如果被对方的外表、行为和性格等吸引，就会彼此产生好感，这一阶段就是所谓的刺激阶段。在这个阶段，除了对方的外表、行为和性格等因素外，有关对方的传闻也是重要的信息。彼此产生好感后，如果开始谈恋爱，就进入第二个阶段——价值阶段。在这个阶段，两个人在一起的时间多了起来，一起做的事情也多了起来。此时，双方的兴趣爱好和价值观是否相似是影响感情能否顺利发展的重要因素。

如果要进一步发展，不仅需要双方的价值观相似，还要能分担角色、相互补充。例如，具有支配性格的女性和服从性格的男性，喜欢帮助别人的女性和寻求帮助的男性等等。实际上，除了默斯特因之外，很多心理学家也都提出，夫妻关系要想顺利发展，夫妻双方能够互相补充是非常重要的。

如果将 SVR 理论进行简单的概括，那就是“受到对方外表、行为、性格等的吸引而相识，并产生好感”，“彼此的价值观相似，从而成为恋人”，“如果能相互补充，就可以结婚成为夫妻”。没能走到婚姻殿堂的情侣，可能是因为不能互相补充。如果在谈恋爱阶段就分手，很可能是因为彼此的价值观差距太大。

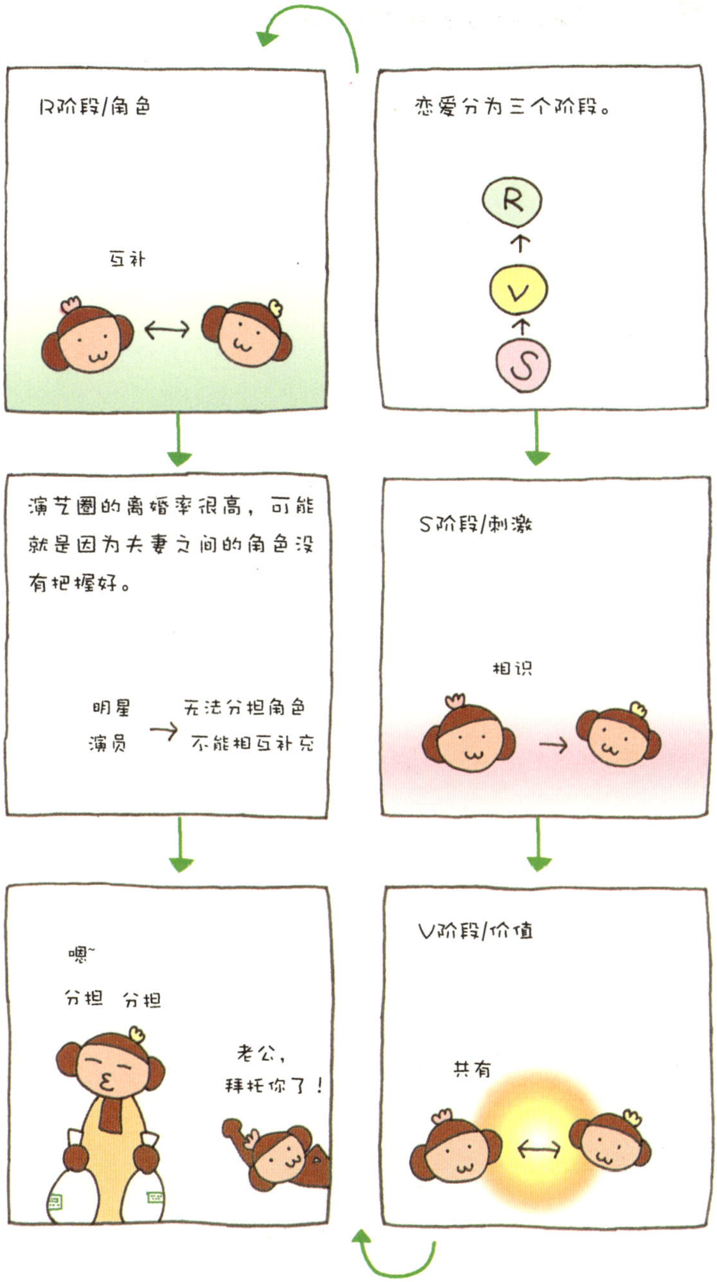
恋爱分为三个阶段。
R
V
S
S阶段/刺激
相识
V阶段/价值
共有
R阶段/角色
互补
演艺圈的离婚率很高，可能就是因为夫妻之间的角色没有把握好。
明星
演员
无法分担角色
不能相互补充
嗯~
分担 分担
老公，
拜托你了！

为什么女人特别在意“59”这个数字？

~ 同调效应与男性喜欢的体型 ~

在各种行业中，都有一些默认的、共通的尺寸。比如，公司、企业使用的文件纸都是 A4 的，在日本易拉罐饮料多是 350ml 的，这样的例子不胜枚举。在时装模特界，也存在这样的尺寸。如果您仔细研究一下女模特们的宣传资料，就会发现大部分女模特的腰围都是 59cm。在这个个性张扬的现代社会，女模特的腰围却出奇地保持着高度一致——都是 59cm，这是为什么呢？在女模特的世界中，腰围保持在 50 多厘米已经成为一种默认的惯例。即使模特的实际腰围为 W63 或 W65，在填写资料的时候，她们也会写成 W59。

这是一种同调行为。虽然心里清楚自己在说谎，但宁愿说谎也不想和别人不同。如果脱离了大多数，会让人产生不安感，尤其是对自己缺乏自信的时候，这种心理效应会更加显著。很多女性对自己的体型抱有自卑感，或者说是有心结的。因此，一提到体型，大家都采取同调行为，即尽量使自己与众人保持一致，以免暴露自己的缺点。这是女性所特有的心理活动。

不过，女性为什么都要把腰围保持在 50 多厘米呢？我还不太清楚其中的原因。也许是因为这样看起来漂亮，又或者是因为对美丽体型有一种信仰。有趣的是，心理学界也对女性的体型展开了研究。海外的心理学家通过实验，研究男性最喜欢的女性体型。结果表明，当女性的腰围与臀围的比例为 0.7 的时候，最受男性的青睐。也就上说，如果腰围是 W59，那么臀围就应该是 H84。由此看来，只保持纤细的腰身还不行，必须要比例协调才能赢得男士的喜欢。再说一句，其实男性对女性体型的数字不太敏感，没有哪个男性看到女性体型的数字就兴奋起来的（如果真有这样的男性，那也怪恐怖的）。只有看到女性真实的体型，并且其腰围与臀围的比例接近 0.7 的时候，才是最令男士动心的。

女模特的腰围都是59cm。
B82
W59
H81
B88
W59
H86
B-
W59
H-
这是一种同调行为。
我也要写59cm。
也许是一个目标数值。
W59
我的目标！
尤其是对自己缺乏自信的时候，或者有强迫观念的时候，同调的心理更加强烈。
这个……
我也……
这个……
咕唧
咕唧
这和小学生即使不知道问题的答案也会举手的心理是一样的。
谁知道答案？
只有当站起来之后，才发现自己根本不知道答案……
猴太郎君
嗨伊！

眼睛和耳朵可信吗?
看看它们怎么工作的!

第四章

知觉与记忆的不可思议性

（认知心理学篇）

据说，我们人类在感知外部世界、获得信息的时候，80% 是靠视觉完成的。实际上，我们的视觉并不可靠。在这一章里，我将为您介绍不可靠的视觉、优秀的听觉等有趣的心理效应，以及人类记忆的原理等等。

什么是认知心理学?

~ 研究"知"的心理学 ~

一提到"认知"，我们一般都会理解为"认识"、"知道"等意思，在心理学上对"认知"的理解稍微有些不同。认知心理学主要研究的是"知觉"、"记忆"、"思考"、"学习"等有关"知"的内容。换句话说,就是研究人类的"视"、"听"、"记忆"等原理的学问。在认知心理学中，有很多难懂的专业术语，也有很多不好理解的原理。在此，我尽量用浅显易懂的语言为大家介绍这门学问。不过，虽然认知心理学比较难，但它也是心理学中比较有趣的一个门类。

现在，制造厂商为了开发出更容易使用的家用电器、更方便操作的汽车、更便于观看的电视和电脑显示器、更具有亲和力的手机画面等，都要用到认知心理学。此外，要提高视觉、听觉有障碍的残障人士的生活质量，认知心理学也能派上大用场。现在，科学家正在利用认知心理学的原理开发"人工眼睛"。由此可见，认知心理学在未来有很大的应用前景。

以认知心理学中的记忆为例，我先来问您一个问题。我们人类在瞬间最多能记住几位数字？ 4 位，还是 10 位？心理学家通过实验证实，人的短期记忆平均可以记住 7 位数字。当然，个人的记忆力存在差异，不过大体也在 ±2 位的范围之内。在日本，电话号码除去区号一般都是 6~7 位，移动电话号码除去开头的"090"、"080"一般是 8 位。认知心理学认为，这是我们短期记忆的最大限度。如果把手机号码一连串写出来，比如"090········"，后面的 8 位号码显得太长了，很难记忆。不过，如果将其分成两组，每组 4 位数字，如"090-····-····"，就好记多了。由此可见，电话运营商在确定电话号码长度的时候，除了考虑电话网络所必需的位数之外，还从认知心理学的角度考虑到如何便于人们记忆。

认知心理学是研究“知”的学问。
记忆
看
听
通常情况下，我们要通过各种辅助信息来认识事物。
脸
耳朵
这是什么？
英语字母R。
这样再看呢？
123
这是数字啊！
比如，如果单纯看到鼻子、耳朵的线条，
我们也许认不出它们。
但如果加上脸的线条之后，就能马上认出它们。
这叫做文脉效应。

感觉机能的工作与特征

~ 构成知觉的五种感觉机能 ~

我们人类通过眼睛、耳朵、鼻子、嘴巴等器官获取外部信息，然后通过大脑对获得的信息进行判断。识别信息的这个工作过程就叫做“知觉”。不同的人在获得同一信息的时候，有可能采取同一行为，也可能各自采取不同的行为。在这一节中，我将为大家介绍几种具有代表性的感觉机能。

■ 视觉 / 视网膜细胞受到光的刺激

视觉是所有感觉机能中获得信息量最大的一种。虽然存在个人差异，但一般情况下，我们人类获得的信息中，有 80% 来自视觉。然而，视觉也是最靠不住的一种感觉，它经常出错。

■ 听觉 / 空气振动从鼓膜传到内耳

人类听觉获得的信息量排在所有感觉机能中的第二位，但其获得的信息量还不足视觉的 1/10。人类的视觉只能看到正面一定角度范围之内的事物，而听觉可以不受方向的限制，听到四周的声音。不过，有时听觉也会出错。

■ 触觉 / 皮肤上的感觉点受到刺激

触觉可以通过直接接触获得信息。触觉与视觉、听觉不同，不容易出错。特别是指尖的触觉最为敏感。

■ 嗅觉 / 空气中的粒子刺激鼻子内的嗅觉细胞

人类的嗅觉经常和记忆、精神有较强的联系。当闻到特定的气味时，可能会让我们想起某一段回忆；当闻到花的芳香时，能让人神清气爽。嗅觉是一种原始的感觉，与动物相比，我们人类的嗅觉机能比较弱。

■ 味觉 / 刺激物刺激舌头上的味蕾

味觉是人类所有感觉机能中最弱的一种。味觉与人的本能有较强的联系，有很多人会追求味觉的刺激。人类的舌头是掌管味觉的唯一器官。

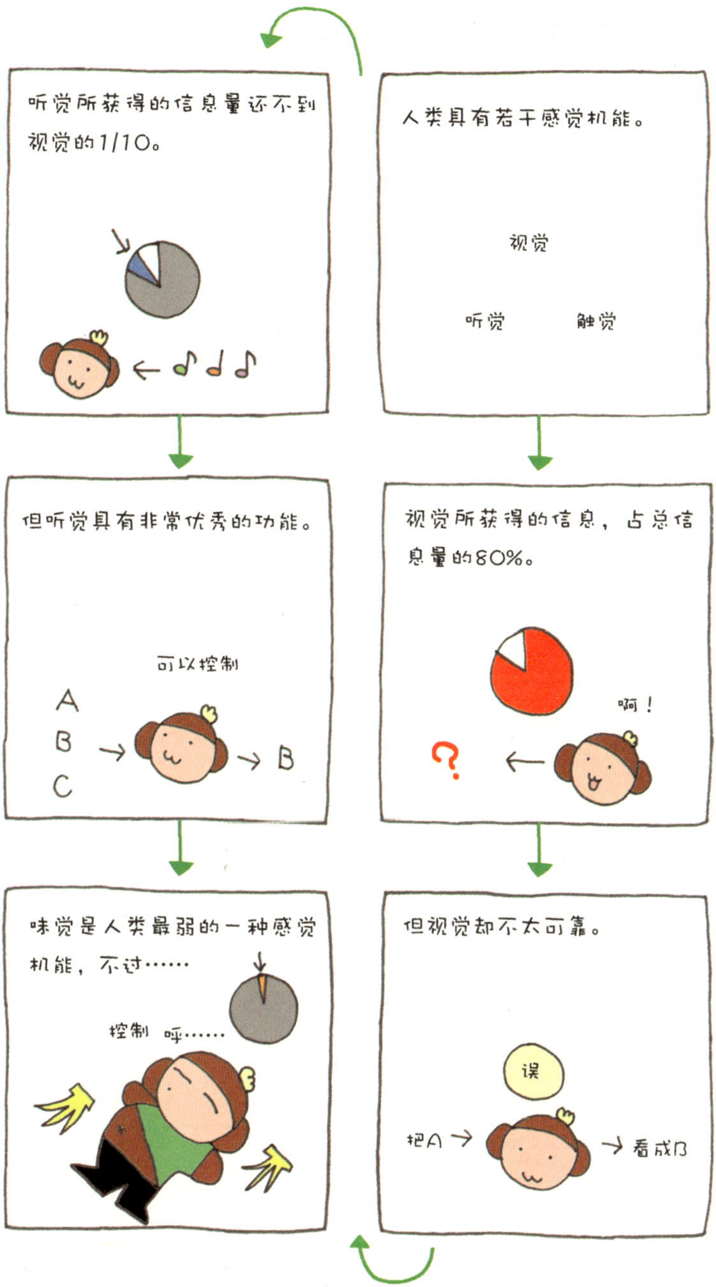
人类具有若干感觉机能。
视觉
听觉
触觉
视觉所获得的信息，占总信息量的80%。
啊！
?
但视觉却不太可靠。
误
把A
看成B
听觉所获得的信息量还不到视觉的1/10。
但听觉具有非常优秀的功能。
可以控制
A
B
C
B
味觉是人类最弱的一种感觉机能，不过……
控制
呼……

人的眼睛为什么能适应黑暗?

~暗顺应与明顺应~

夜里，当我们把电灯关掉后，眼前一片漆黑，暂时什么也看不到。然而，过不了多久，我们就又能看见屋内的事物了。刚进入电影院时，也是如此。这是眼睛适应黑暗环境的一种现象，叫做“暗顺应”。反之，当我们从黑暗的环境进入明亮的环境时，一开始也会觉得耀眼、看不清东西。我们还会不自觉地把眼睛眯成一条缝，但渐渐地就能看清周围的事物了，这叫做“明顺应”。所谓顺应，就是改变自己的感觉机能以应对外部的刺激，这是对环境的一种适应性变化。

人类的明顺应比较快，而暗顺应花的时间相对长一点。这是由视网膜内一种叫做视紫质的色素体的功能所决定的。此外，老年人的暗顺应要花更长的时间，而且老年人对光的感度也比较弱。因此，老年人的房间照明最好不要一下子完全变暗，而且夜里，房间里也不要完全一片黑暗。

现实生活中，很多地方都考虑到了人眼的明顺应和暗顺应，比如公路中的隧道。当进入隧道时，光线突然变暗，而出隧道时，又一下子明亮起来。因此，隧道内的照明要经过特殊的设计。一般隧道入口处和出口处的照明要多一些，目的就是使驾驶员能更好地适应光线的改变。这样一来，驾驶员的眼睛就会分阶段接收到不同强度的照明，从而有充分的时间进行暗顺应和明顺应，不会出现突然看不见东西的现象。

如果隧道里没有照明，车辆刚进入隧道时，驾驶员眼前就会一片漆黑，什么也看不见，很容易发生事故。以前，隧道的设计者就没有考虑到这个问题，因而那时的隧道大多没有照明，经常发生交通事故。当时的汽车驾驶员在进入隧道前也会闭上一只眼睛，进行自我调节，以尽快适应黑暗的环境。

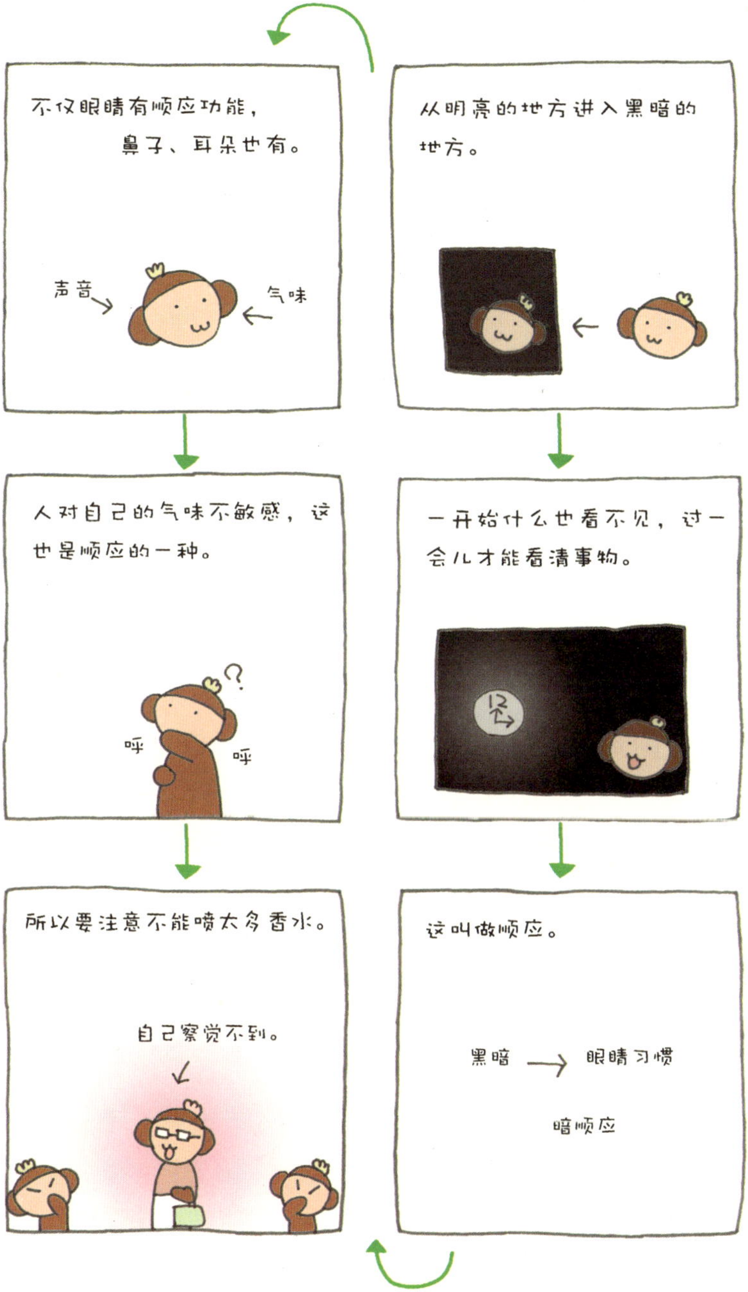
从明亮的地方进入黑暗的地方。
一开始什么也看不见，过一会儿才能看清事物。
这叫做顺应。
黑暗
眼睛习惯
暗顺应
不仅眼睛有顺应功能，鼻子、耳朵也有。
声音
气味
人对自己的气味不敏感，这也是顺应的一种。
呼
呼
所以要注意不能喷太多香水。
自己察觉不到。

使人困惑的斯特鲁普效应

~ 两种信息相互干扰的现象 ~

首先，我们来做一个简单的实验。请先阅读下列汉字。

蓝　黄　红　绿　蓝　红　绿　黄

接下来，再回答下列圆点的颜色。

大家都没有问题能回答出以上两个问题。那么，请说出下列文字的颜色（不是文字，而是文字的颜色）。

黄　绿　红　蓝　绿　红　黄　蓝

怎么样？是不是有点混乱呢？像这样，当我们的大脑要同时处理文字的意思和文字的颜色两种信息时，二者会相互干扰，从而减慢我们大脑的反应速度。这是由于我们读单词的速度比认知色名的速度快的缘故。最早发现这种现象的是心理学家斯特鲁普，于是人们把这种现象称为“斯特鲁普效应”。我们知道必须回答文字的颜色，但由于大脑反应文字含义的速度更快，不知不觉就读出了汉字。尤其是上了年纪的人，这种倾向更加明显。

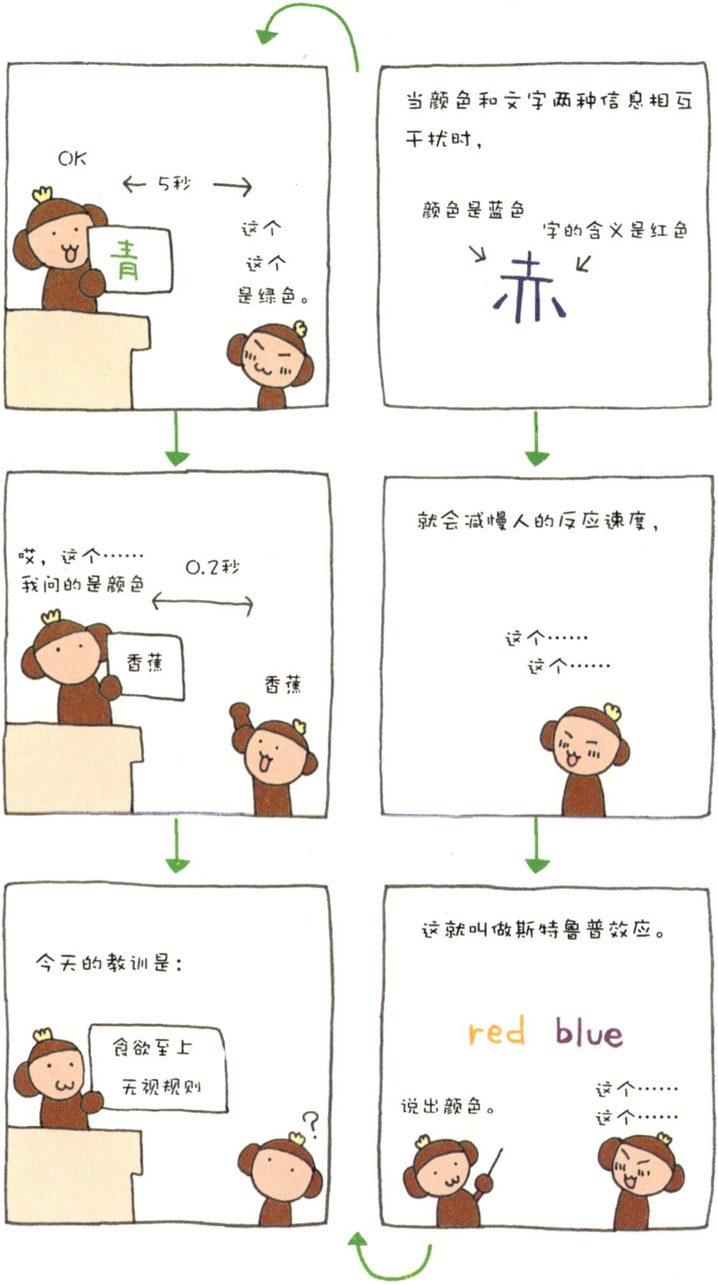
当颜色和文字两种信息相互干扰时，
颜色是蓝色
字的含义是红色
赤
就会减慢人的反应速度，
这个……
这个……
这就叫做斯特鲁普效应。
red blue
说出颜色。
这个……
这个……
OK
5秒
青
这个
这个
是绿色。
哎，这个……
我问的是颜色
0.2秒
香蕉
香蕉
今天的教训是：
食欲至上
无视规则
?

大小的恒定性

~ 距离感与大小 ~

请先看一下下面的图画。图中画的是两只样本猴站在走廊里。左侧的图，我们看不出有什么不对的地方，而右侧的图就让人感觉有点别扭了。

就像右侧图显示的那样，两只样本猴的大小是不同的。可是，只要将这两只大小不同的猴子放在具有纵深感的图中适当的位置，就不会感觉别扭了。

这就是所谓的“大小的恒定性”。当对象事物的距离发生变化时，我们所看到的大小自然也会发生变化。不过，我们人类的视觉有自动修正的功能，可以推测对象事物的实际大小。特别是人的身高、汽车的大小、矿泉水瓶的大小等，我们可以凭经验判断它们的实际大小。因此，我们会优先判断这类事物的实际大小。

大小恒定性的效应非常强。当我们把看到的风景画到纸上时，有时就无法画出正确的比例。因此，学习美术时，首先要学习距离与物体大小的关系。

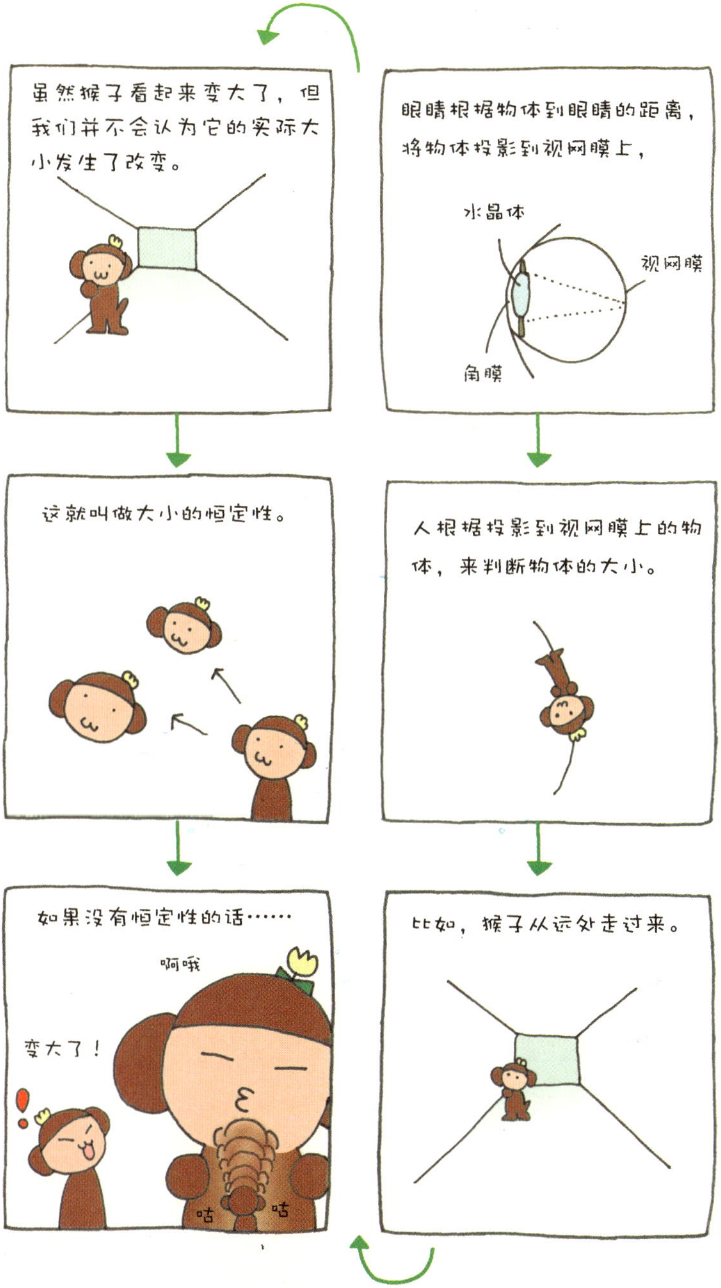
眼睛根据物体到眼睛的距离，将物体投影到视网膜上，
水晶体
视网膜
角膜
人根据投影到视网膜上的物体，来判断物体的大小。
比如，猴子从远处走过来。
虽然猴子看起来变大了，但我们并不会认为它的实际大小发生了改变。
这就叫做大小的恒定性。
如果没有恒定性的话……
啊哦
变大了！
咕
咕

眼睛的错觉——“错视”①

~改变长度的线段／弯曲的直线~

前面讲了常识或者固定观念给视觉带来的影响，除此之外，视觉还经常出现错觉。在心理学上，这种错觉被称为“错视”。引起错视的原因有很多，我认为主要是由于自己的信息处理模式太固定，才会引起错视。

■米勒·吕尔错视

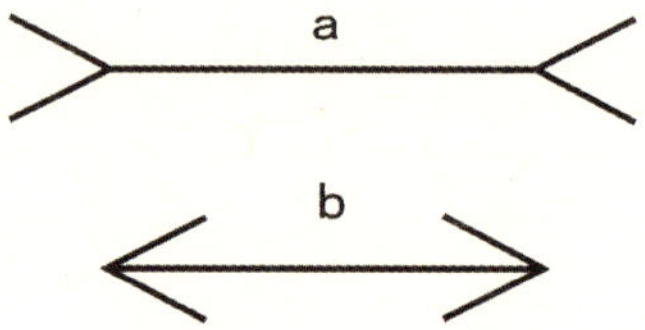

a、b两条线段长度相同，但线段a看起来长，线段b看起来短

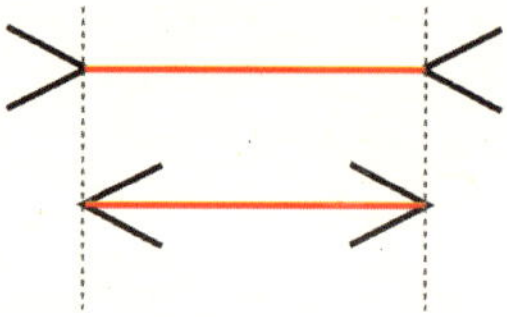

■鲍德温错视

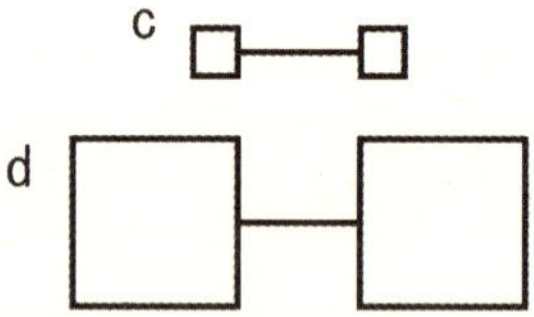

小正方形夹着线段c，大正方形夹着线段d，看上去感觉线段d比线段c短。这是因为四个正方形造成了一种纵深感，于是造成错视。

■彭祖错视

三角形内有两条平行且长度相同的线段。结果，上面一条线段看起来较长。

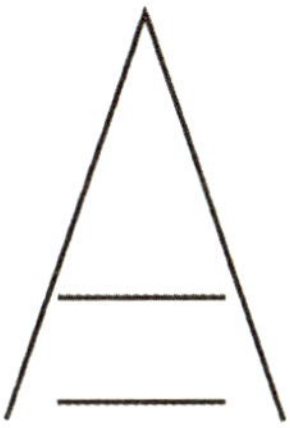

■采尔纳错视

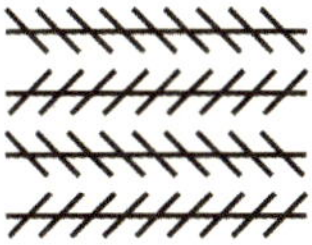

横向四条直线是平行的，但在斜线的影响下，看起来并不平行。

■海林格错视

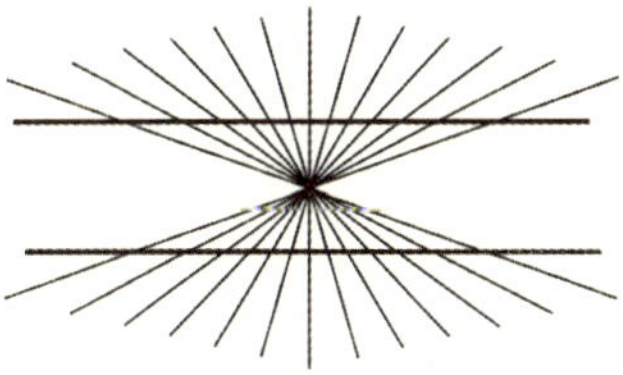

平行的两条直线，在斜线的影响下，看起来向两侧膨胀。

■海夫勒图形

相交的两条直线在背景斜线的影响下，看起来似乎发生了弯曲。

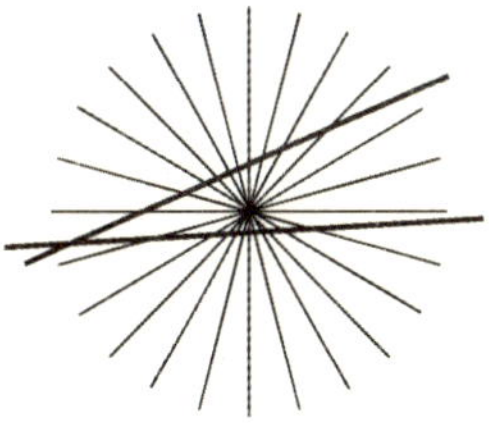

眼睛的错觉——"错视"②

~ 弯曲的直线 / 距离感觉 ~

■奥尔比祖错视

长方形有看起来向内侧凹的特性。如果背景加上同心圆的话，这种特性将被进一步突出。长方形看起来似乎发生了变形。

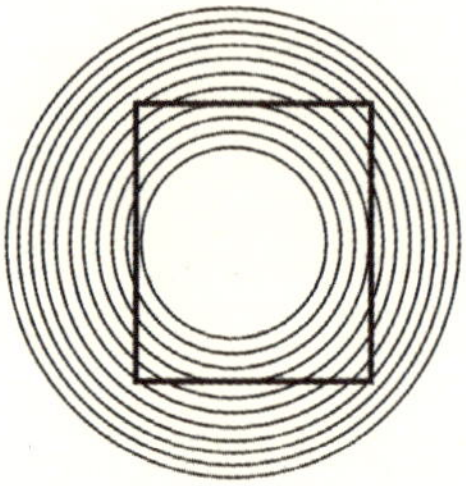

■坡根多尔夫错视

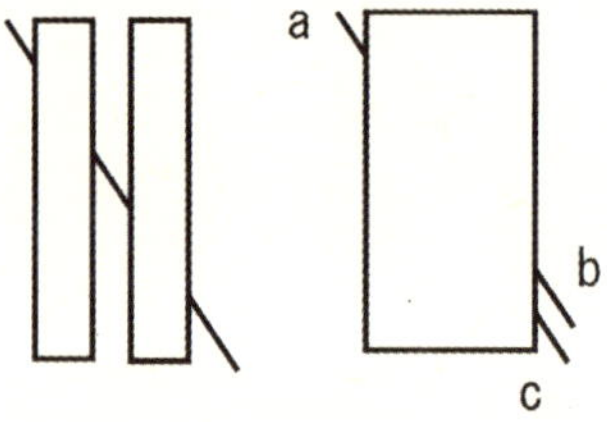

如果用长方形挡住斜线的话，那么斜线看起来好像发生了偏移。左图中，与a连接的好像是b，但实际是c。

■奥派尔・昆特错视

d与e 之间的间隔与e与f之间的间隔相等。但在d与e之间加入等间距的竖线后，使得d与E之间的间隔看起来要大一些。

由于视觉的错觉，长方形具有看上去向内侧凹的特性。
巴特农神庙、法隆寺等建筑的柱子，看上去就是向内凹的。
而中间凸出的，
哦。
叫做凸腹。
体型看起来也呈凸腹状。
嗯。
你那个是啤酒肚！
哦？

眼睛的错觉——“错视”③

~ 大小的变化 ~

■德尔普夫错视

左图中两个粉红色的圆大小相同。外侧同心圆的大小会影响粉红色圆看起来的大小。如果外侧同心圆较大，粉红色的圆看起来就较小。

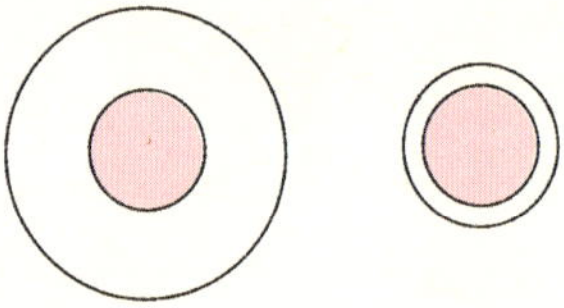

■艾宾豪斯错视

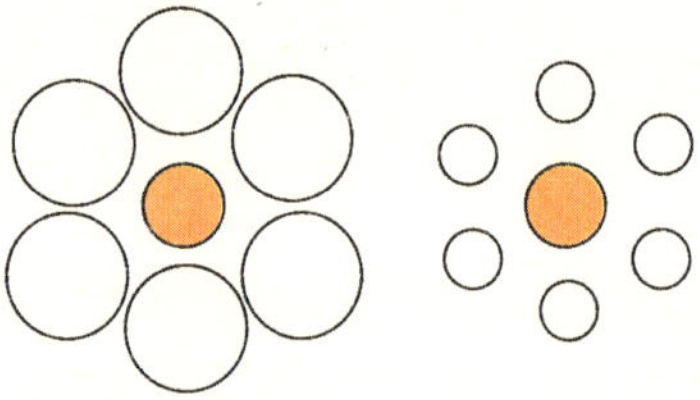

左图中橙色的圆，大小相同。然而，被大圆包围的看起来较小，而被小圆包围的看起来较大。

■菲克错视

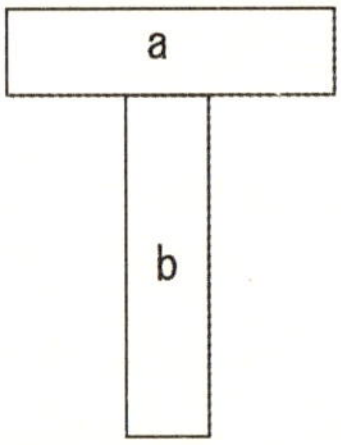

a、b两个长方形大小相同，但b看起来要长一些。

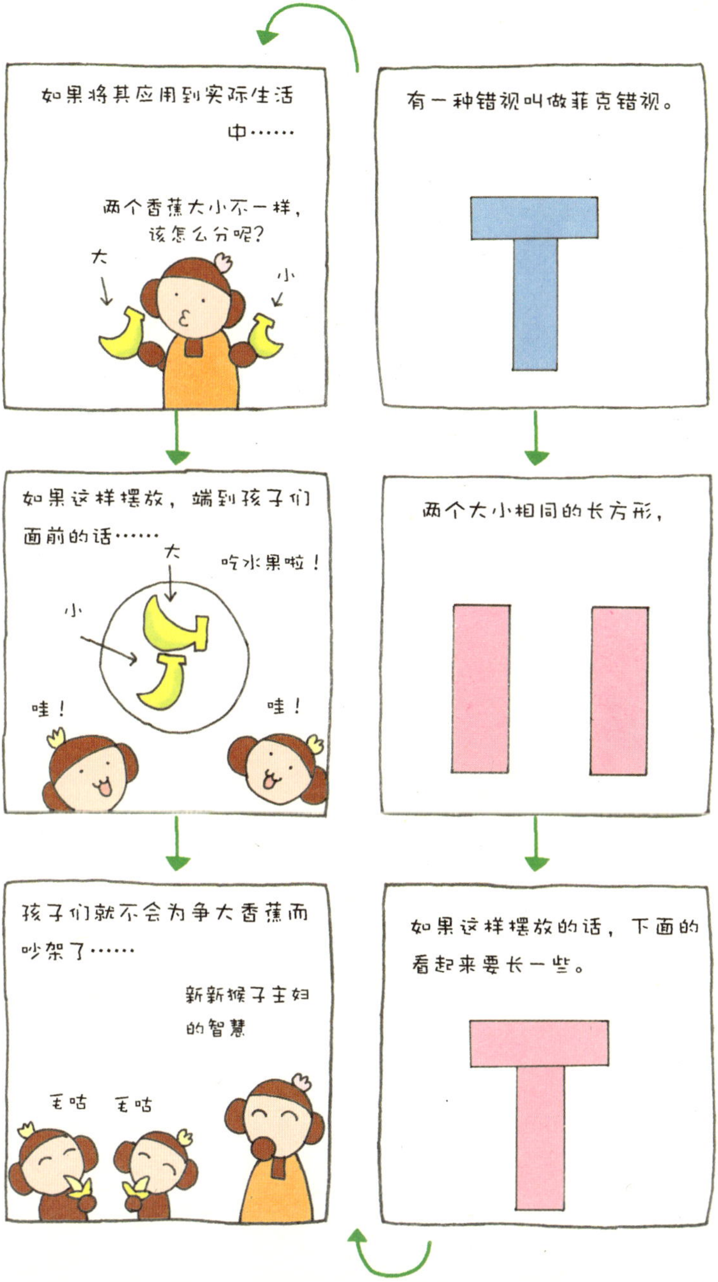
有一种错视叫做菲克错视。
两个大小相同的长方形，
如果这样摆放的话，下面的看起来要长一些。
如果将其应用到实际生活中……
两个香蕉大小不一样，该怎么分呢？
大
小
如果这样摆放，端到孩子们面前的话……
大
吃水果啦！
小
哇！
哇！
孩子们就不会为争大香蕉而吵架了……
新新猴子主妇的智慧
毛咕
毛咕

眼睛的错觉——“错视”④

~ 颜色的错觉 ~

■颜色的对比效果

中央的灰色方块受到背景色的影响，看起来要比实际明亮或者暗淡。

■马赫带

看到的颜色会受到相邻颜色的影响。如果邻接的部分暗，颜色看起来要比实际明亮。

■霓虹灯效果

在横线与竖线相交的地方涂上淡淡的颜色，看起来就像霓虹灯一样，颜色模糊地扩散开来。

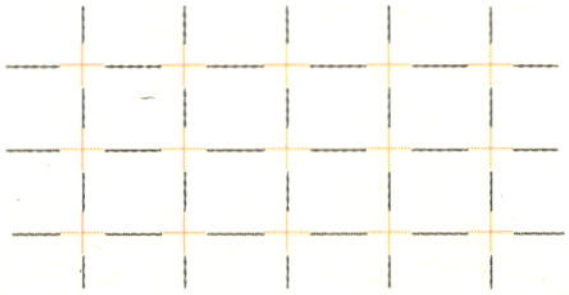

■格子图案的幻影（爱德华·爱德尔松错视）

接下来介绍一个极端的错视案例。请您先看一看下面的图。在格子状的图案上立着一个圆柱体，圆柱体的阴影落在格子状图案上。也许您看不出其中有什么异样，其实A格和B格的颜色是一样的。

制作这个模型的是美国马萨诸塞工科大学的爱德华·爱德尔松教授。我们会把A、B两个格子看成不同的颜色，这是颜色的对比效果产生的一种现象。由于B格子被较暗的颜色包围，看起来要比实际颜色明亮一些。再者，B格子处于圆柱体的阴影当中，我们的视觉会认为阴影中的事物自然要暗一些。此外，阴影与非阴影交界的地方看起来比较模糊，也增强了这一效果。

也许到现在还有朋友不能相信A、B两个格子的颜色是相同的。为此，我在右图中特意加入了辅助线。这次，您应该看清楚了吧。由此可见，我们人类的视觉是多么的靠不住啊！

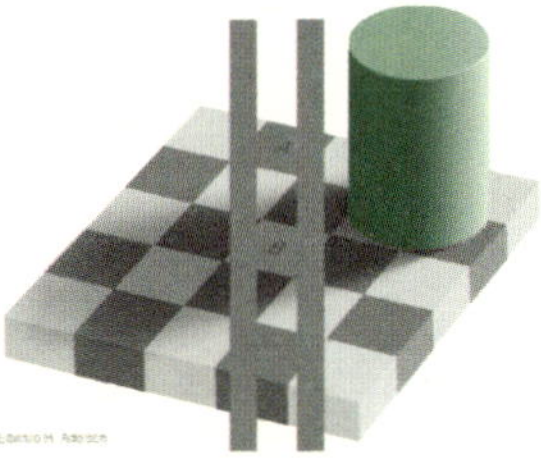

眼睛的错觉——“错视”⑤

~ 主观的轮廓 ~

我们的视觉会对看不清的事物进行推测，并主观虚拟出一个物体。接下来，就为您介绍两个这样的例子。第一个例子为卡尼莎三角形，看上去好像有一个三角形跃然纸上，可是这个三角形不完整，是我们的眼睛推测上面有个障碍物，于是就虚构出了并不存在的三角形。

■卡尼莎三角形

图中有三个缺了一块的黑色圆形和一个不完整的三角形。在黑色圆形的对比效果下，我们的眼睛虚构出一个没有边的三角形。

■浮现出的正方体

图中红色圆形中有一些图案。就像卡尼莎三角形一样，我们仿佛看到了一个正方体。实际上，红色圆形之间并没有连线。

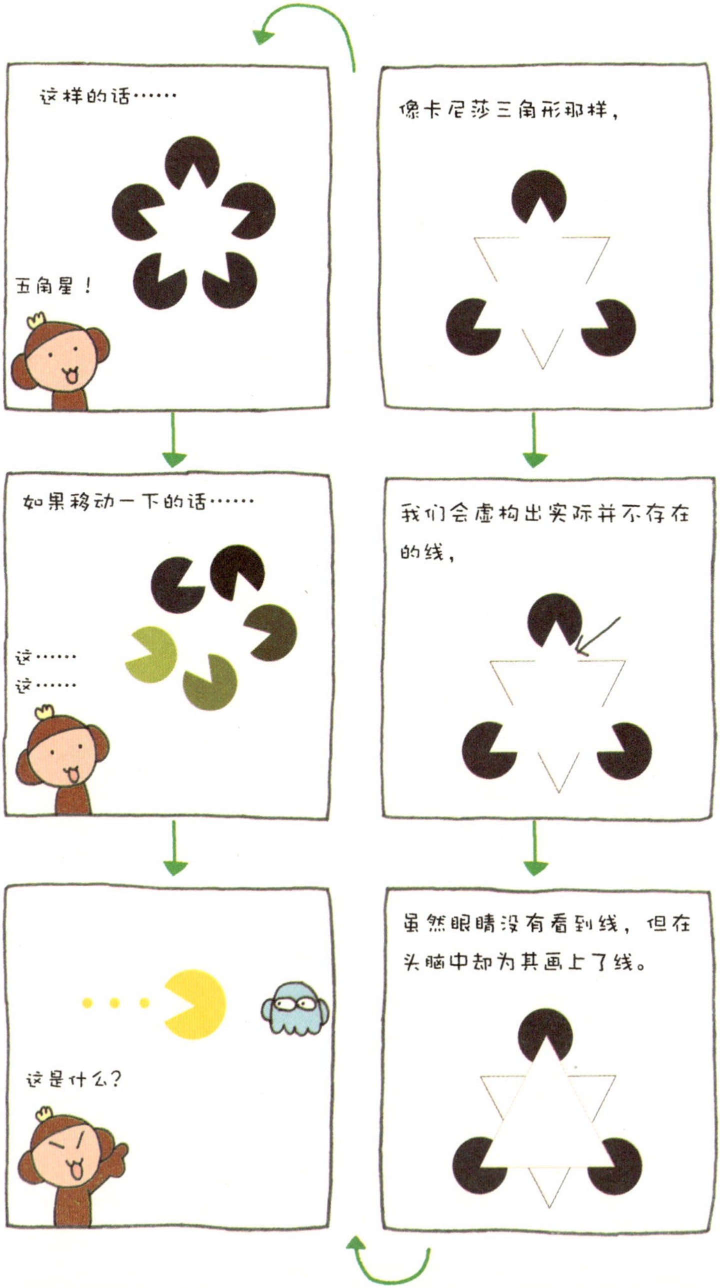
像卡尼莎三角形那样，
我们会虚构出实际并不存在的线，
虽然眼睛没有看到线，但在头脑中却为其画上了线。
这样的话……
五角星！
如果移动一下的话……
这……
这……
这是什么？

视觉、听觉、味觉的错觉

~ 不仅视觉会出现错觉，其他感觉也会出现错觉 ~

■受视觉影响的听觉 / 马加库效应

当电视上播放发音为“ga”的图象时，如果同时在外界加上一个“ba”的声音，那么我们就会听成一个新的音——“da”或者“ga”。当耳朵和眼睛收集到相互矛盾的信息时，人会优先选择视觉收集到的信息。这一现象是英国心理学家马加库通过实验发现的。

■无限音阶 / 谢帕德音阶

不知您是否看过这样一幅画，画中的阶梯看起来无限循环。在声音领域，也有一种无限音阶。1、2、3、4、5、6（音乐简谱）……逐渐升高的音阶无限延续（升高），听起来并不会产生不和谐的感觉。无限音阶是由谢帕德发明的，因而也被称为“谢帕德音阶”。

有兴趣的朋友可以在网上搜索“无限音阶”，下载下来听一听。

■味道的对比效果

如果在西瓜上撒少量的食盐，吃起来会更甜。这是因为咸味可以更加突出西瓜甜味缘故。这就是所谓的味道的对比效果。此外，咸味还有抑制作用。如果在苦瓜上加些食盐，可以抑制苦瓜的苦味。在略带苦味和酸味的青桔上加些食盐，也可以抑制苦味，突出甜味。

■感知辣味的部位并不在舌头上

很多人认为，和甜味、苦味一样，辣味也是通过舌头感觉到的。实际上，舌头上并没有感知辣味的部分。其实，辣味的本质是痛。当含有辣味的食物和苦味等味道混合在一起时，我们会感觉到痛，并把这种痛的感觉命名为“辣味”。

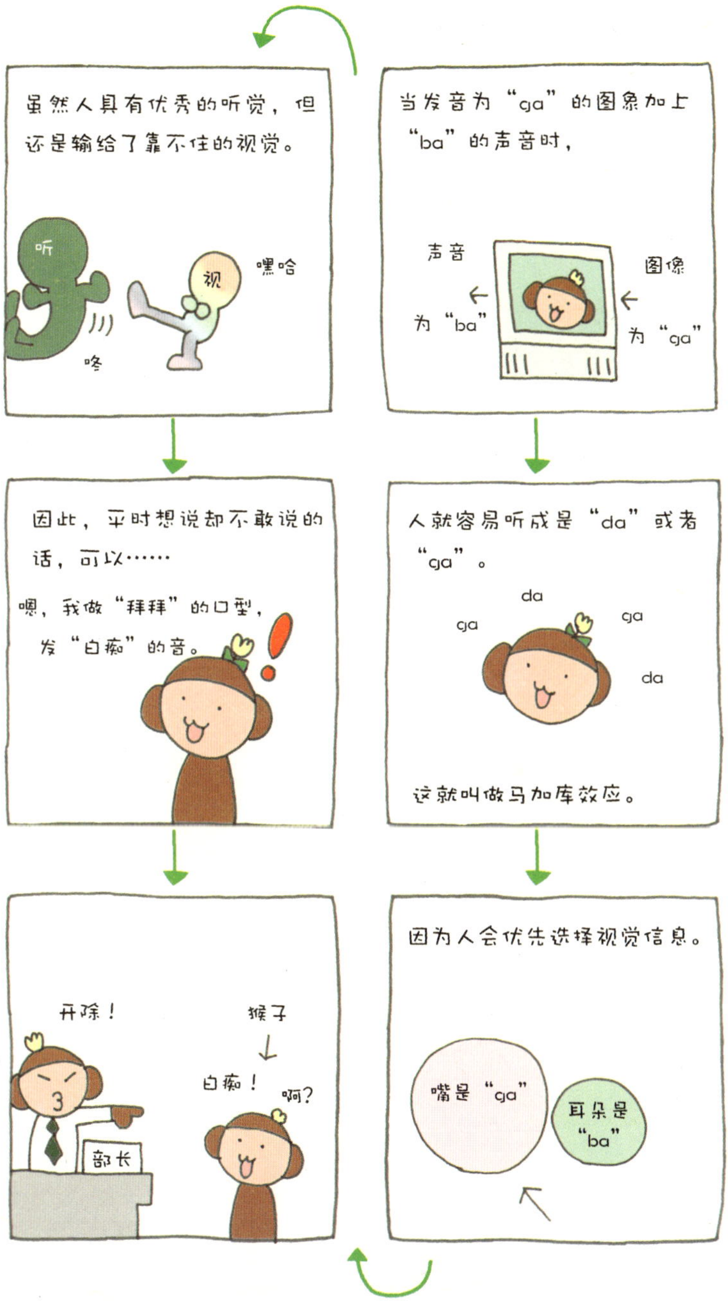
虽然人具有优秀的听觉，但还是输给了靠不住的视觉。
听
视
嘿哈
咚
当发音为“ga”的图象加上“ba”的声音时，
声音为“ba”
图像为“ga”
因此，平时想说却不敢说的话，可以……
嗯，我做“拜拜”的口型，发“白痴”的音。
人就容易听成是“da”或者“ga”。
da
ga
ga
da
这就叫做马加库效应。
开除！
猴子
白痴！
啊？
部长
因为人会优先选择视觉信息。
嘴是“ga”
耳朵是“ba”

人怎么能分辨出那么多张脸?

~关于面部识别的研究~

前面为大家介绍了我们的视觉等感觉机能不可靠的一面，也许看过之后您会对自己有点失望。其实,大可不必如此。我们的感觉机能也有非常优秀的一面。其中之一，就是识别人脸的功能。

当我们看到一张脸时，可以在一瞬间就判断出对方是自己认识的人还是陌生人。这是将对方的眼睛、鼻子、嘴、脸的轮廓等众多信息在瞬间进行处理和识别的非常复杂的能力。关于其中的原理，科学家们目前尚无定论。

有一种说法认为，人会根据平时的经验建立一个“平均脸”数据库，并无意识地将某人的脸部特征储存起来，比如A君的眼睛比“平均脸”的眼睛小、嘴巴比“平均脸”的嘴巴大等等。具有个性的脸与“平均脸”的差异较大，相对比较好记，而对于接近“平均脸”的脸，我们也会寻找其中的个别特征进行记忆。以日本人为例，他们平时接触的欧美人比较少，头脑中没有关于欧美人脸的数据库，因而对于欧美人的脸不容易记忆。

不过，2008年1月，日本科学技术振兴机构（JST）发表的研究报告称，刚出生的小猴就具有辨识脸的能力。试验人员将刚出生的小猴进行隔离饲养，不让它们见到任何“脸”，然后给他们看人脸和猴脸的照片，以及其他物体的照片。结果，小猴虽然第一次见到脸的照片，却能很好地识别出来，对其他物体则没有那么敏感。这真是一种优秀的能力。

我们人类的婴儿也能马上记住人的脸。这不仅仅因为人类婴儿的记忆力比其他动物好，也许和猴子一样，人类的婴儿也有天生辨识人脸的能力。这种能力真是有趣又复杂，希望今后的科学家能更详细地揭开其中的奥秘。

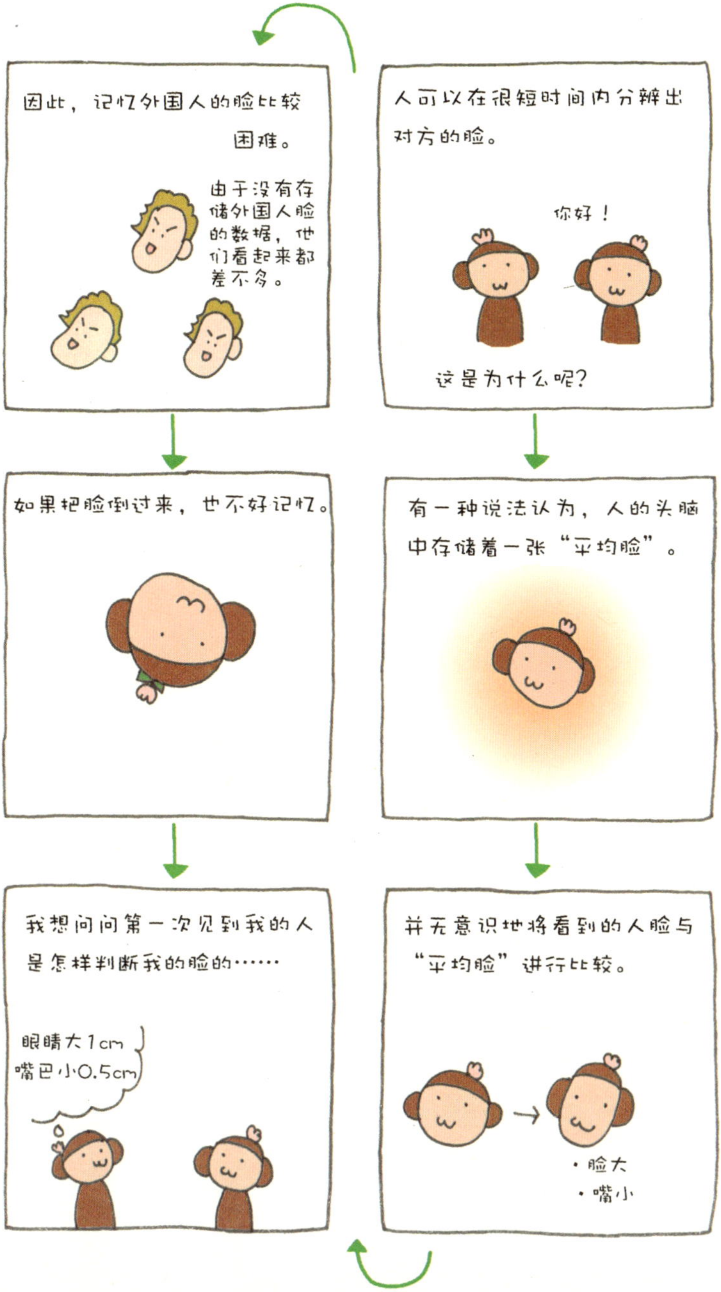
人可以在很短时间内分辨出对方的脸。
你好！
这是为什么呢？
有一种说法认为，人的头脑中存储着一张“平均脸”。
并无意识地将看到的人脸与“平均脸”进行比较。
·脸大
·嘴小
因此，记忆外国人的脸比较困难。
由于没有存储外国人脸的数据，他们看起来都差不多。
如果把脸倒过来，也不好记忆。
我想问问第一次见到我的人是怎样判断我的脸的……
眼睛大1cm
嘴巴小0.5cm

什么是鸡尾酒会效应？

~ 只听自己想听的声音 ~

声音其实就是空气的震动，而人的耳朵就是捕捉空气震动并将其转换为神经信号的感觉器官。我们的大脑将耳朵传递来的神经信号进行处理，让我们理解其中的含义。在我们生活的世界中，充满了各种各样的声音。不过，我们的听觉具有一种优秀的能力，那就是能从纷繁的声音中选择自己需要的声音去听。例如，在嘈杂的小酒馆里，充斥着各种声音，有高声喧哗、有低声私语、有推杯换盏、也有划拳行令……不过，我们只听自己感兴趣的声音，不感兴趣的则充耳不闻。这就是所谓的“鸡尾酒会效应”。

如果在酒会现场进行录音，事后播放录音时，我们只能听到客人们嬉笑怒骂的声音、咳嗽声、碰杯声、空调声以及偶尔一两句模糊不清的对话声，而很难从录音中清晰地听到人们连贯的对话。可是，如果在现场，人的耳朵可以选择自己想听的声音去听，并阻断其他无用的“噪音”。这就说明我们的耳朵具有选择能力。

此外，声音还有一种有趣的特性。不知您是否有过以下类似的经历：在公司的大办公室里，当空调开着的时候，也许我们并没有留意到其他声音；然而，在空调突然关闭的瞬间，也许我们会听到时钟秒针转动时发出的微弱声音，或是会议室中同事说话的声音。这种现象说明，有空调的声音时，我们很难听到其他声音。这也被称为“掩蔽效应”。

以前，很多公司为了隔音，会在办公室的墙壁上进行隔音处理。现在，很多公司已经不再采用这种措施了，而是制造出一些类似空调声响的“背景声响”。这样一来，即使会议室中讨论的内容需要保密，也不用担心被外面的人听到了。这就是利用声音掩蔽效应的一个例子。因此，有时美妙的 BGM（背景音乐）并不单纯是为了让环境更加舒适而播放的，也许另有企图，正是为了遮蔽某种声音。

人置身于很多杂音当中时，
哄
咚咚
噼
可以只选择自己想听的声音去听。
哄
咚咚
噼
也就是说，人可以在一定程度上控制自己的听觉。
不听的声音
听的声音
对于不想听的声音，
可以充耳不闻。
￥%#*~……
·#！~%……
安？
咔嚓
该死！
花花公子

记忆的原理

~记忆，一种不可思议的系统，至今尚未完全揭开其中的秘密~

有时，遇到熟人时就是想不起对方的名字；有时，多年前的一次无聊谈话，却可以清晰地回想起来……记忆就是这么不可思议！对于人类而言，记忆是非常宝贵的能力。可是，时至今日，我们依然没能完全揭开其中的秘密。科学家阿特金森和西富林认为，记忆由短期记忆和长期记忆构成。此外，除了上述两个阶段的记忆外，当感觉器官将接收到的信息向短期记忆发送之前，还有一个感觉记忆阶段。

■ 感觉记忆

眼睛、鼻子、皮肤等感觉器官获得的信息，会被人记忆一瞬间，然后就将其删除了。如果没有“删除功能”，刚才接触的床和地板时的感觉都会清晰地记得，这样会导致生活非常不方便。因此，我们会从无数的信息中，选择有价值的内容，并将其传送到短期记忆。

■ 短期记忆

短期记忆，是指储存时间很短的记忆。如果用随机数字的位数来形容短期记忆的容量，大约为7位 ± 2位。如果是有意义的内容，可以多少减轻记忆的负担，甚至还可以多记忆一些。不管怎么说，短期记忆存储的时间很短，大约在20秒以内，而20秒以上就会忘记。只有将短期记忆的内容反复记忆，或者为其赋予很强的意义，才能将其转变为长期记忆。

■ 长期记忆

长期记忆，就是我们一般称为“记忆”的存储信息。存储于长期记忆中的信息，基本上不会忘记。然而，随着时间的流逝，长期记忆的内容也会变得模糊。在很多情况下，如果没有一个“引子”，很多久远的记忆都不会轻易、主动地浮现出来。也有学者认为，长期记忆和睡眠有着密切的关系。

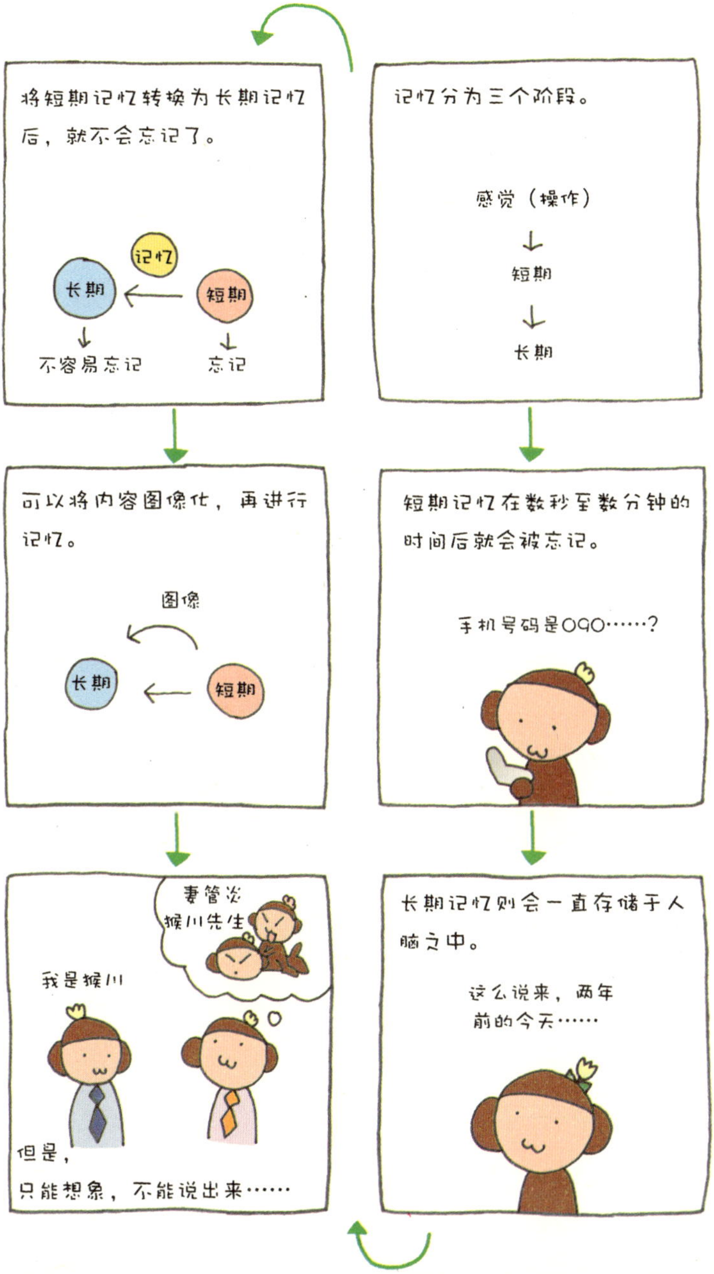

记忆分为三个阶段。
感觉（操作）
短期
长期
短期记忆在数秒至数分钟的时间后就会被忘记。
手机号码是090……？
长期记忆则会一直存储于人脑之中。
这么说来，两年前的今天……
将短期记忆转换为长期记忆后，就不会忘记了。
记忆
长期
短期
不容易忘记
忘记
可以将内容图像化，再进行记忆。
图像
长期
短期
妻管炎
猴川先生
我是猴川
但是，
只能想象，不能说出来……

如何锻炼记忆力

~ 提高记忆力的技巧 ~

升学考试、职业资格考试、驾照考试……在我们的人生中，有太多的东西需要记忆。如果记忆力不好，将给我们的工作、学习和生活带来诸多不便。因此，不停地锻炼自己的记忆力非常重要的。接下来，就为大家介绍几个提高记忆力的小技巧。

■ 重复

要把短期记忆转变为长期记忆，重复是非常重要的。然而，单纯的重复并没有意义，必须有意识地重复。在意识到自己是在记忆的同时，还要不断重复，才能把短期记忆变成长期记忆，使记忆的信息长久地储存在头脑中。

比如，要记忆 10 个数学公式，每个公式重复记忆 5 次的效果，远不如将 10 个公式整体记忆一次，然后再整体重复 5 次。记忆人名的时候，有意识地在心中多重复几次，一般就可以记住了。如果再加上联想记忆的方法，那效果就更好了。比如“长得像猴子的山本先生”，这样恐怕以后都不会忘记山本先生了。

■ 记忆数字的方法

如果是单纯的、没有意义的一组随机数字，我们很快就会忘记。那么该怎么办呢？如果数字较长，可以 4 位一组，将其分组记忆。当然，与单纯地记忆相比，给数字赋予含义后再记忆的效果更好。比如，可以利用数字的谐音进行联想记忆。

■ 数字化记忆法

假如您和某人约在“星期二下午 5 点”会面，如果不用笔记下来，恐怕用不了多久就想不起来了。此时，如果将约会的时间用一组阿拉伯数字表示，就会好记很多。比如，“星期二下午 5 点”就可以记成“217”。

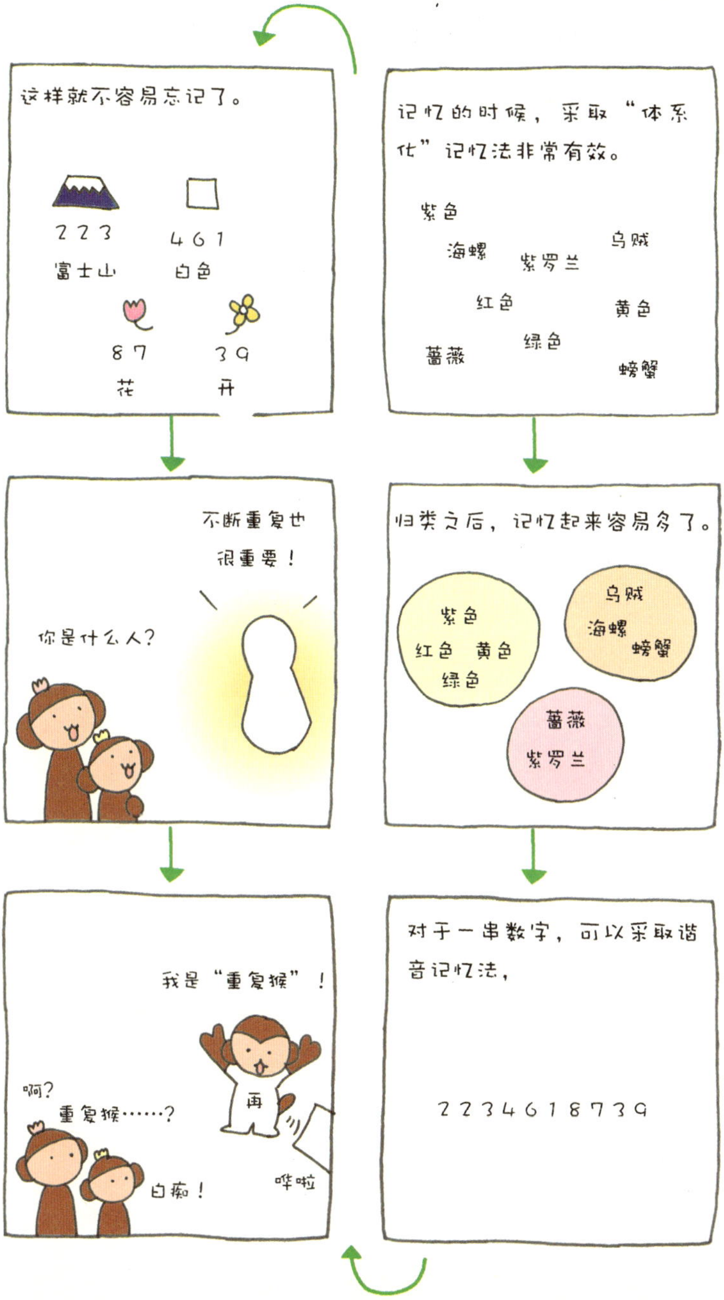
这样就不容易忘记了。
223
富士山
461
白色
87
花
39
开
不断重复也
很重要！
你是什么人？
我是“重复猴”！
再
啊？
重复猴……？
白痴！
哗啦
记忆的时候，采取“体系化”记忆法非常有效。
紫色
海螺
紫罗兰
乌贼
红色
黄色
绿色
蔷薇
螃蟹
归类之后，记忆起来容易多了。
紫色
红色 黄色
绿色
乌贼
海螺
螃蟹
蔷薇
紫罗兰
对于一串数字，可以采取谐音记忆法，
2234618739

为什么人对婴幼儿时期的事情没有记忆？

~记忆中令人不可思议的地方~

您对自己孩提时代的记忆最早能追溯到几岁？大部分人都是从 4、5 岁左右开始有记忆的，也有人能记起 3 岁时发生的事情。那么，之前的记忆跑到哪里去了呢？

也许有人会说，这是由于婴幼儿的记忆力差造成的。其实不然，人类婴儿的记忆力都是非常强的，很多心理学家已经通过实验证实了这一点。从婴儿到幼儿的这段时期，我们没用几年的时间，就记住了一门语言，有这种记忆力还不够强大吗？此外，我们生存的很多技能，都是在婴幼儿时期学会的。

我们一般认为，虽然婴幼儿也具有长期记忆的能力，但在那个年龄阶段，长期记忆系统基本上还不能很好地运行。研究人员发现，有个别的孩子在 2、3 岁的时候就能用语言描述出记忆中以前的事情，但孩子们所谓的记忆，大多是片段或者并不准确。当人长到 4 岁左右，认知机能才迅速发展起来，并开始能够审视内在的自我。这时，孩子开始能够理解记忆了，并开始使用诸如“记住”、“忘记”等与记忆有关的词语。在这个时期，人的长期记忆系统才逐渐健全起来。因此，我们成年之后，再回忆自己的孩提时代时，一般只能想起 3、4 岁之后的事情。

对于人来说，“记忆”非常重要。实际上，“忘记”也同样重要。如果我们无法忘记以前的痛苦经历，总是背着伤痛过日子，时间长了，痛苦的经历多了，心就再也无法承受了……在我们的记忆系统，还有一个强大的功能，那就是会选择那些不好的记忆主动去忘记。

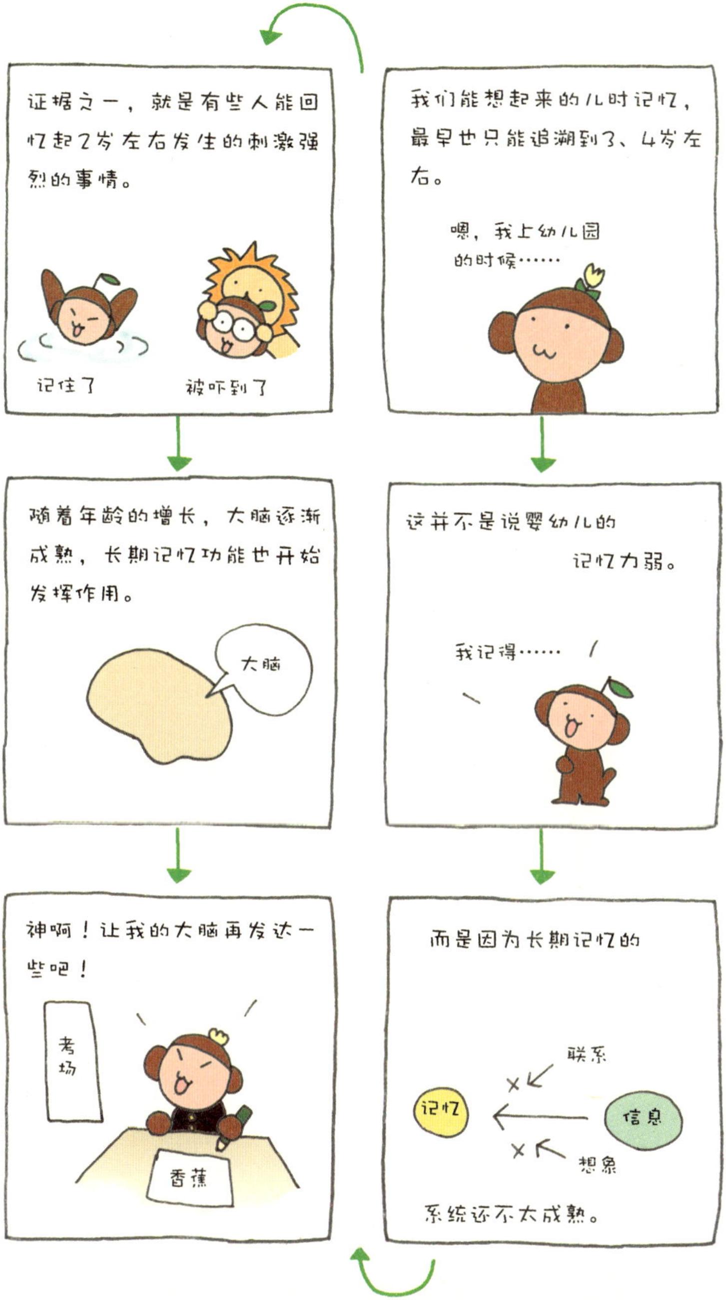
我们能想起来的儿时记忆，最早也只能追溯到3、4岁左右。
嗯，我上幼儿园的时候……
这并不是说婴幼儿的记忆力弱。
我记得……
而是因为长期记忆的
联系
记忆
信息
想象
系统还不太成熟。
证据之一，就是有些人能回忆起2岁左右发生的刺激强烈的事情。
记住了
被吓到了
随着年龄的增长，大脑逐渐成熟，长期记忆功能也开始发挥作用。
大脑
神啊！让我的大脑再发达一些吧！
考场
香蕉

心理学的大杂烩，
专拣逸闻趣事让你笑着读完！

第五章

各种各样的心理学

（产业、发展、犯罪、色彩心理学等）

心理学在我们生活的各个领域都得到了广泛的应用。本章将为您介绍在各种领域使用的应用心理学。其中还穿插了许多与心理学相关的趣闻轶事，相信一定能让您在欢笑之中学到知识。

产业心理学

~ 价格尾数的促销作用 / 星期四是事故多发日 ~

产业心理学，即围绕产业和社会经济生活研究人类心理和行为的学问，它属于社会心理学的范畴。其研究内容包括疲劳与劳动时间、人与机器、事故与安全等，研究主要是为了建立一种高效率的生产环境、使企业内的组织能高效顺畅地运转，从而达到促进产业快速、和谐发展的目的。此外，产业心理学还研究广告对社会产生的影响以及消费者的心理和行为等，在市场营销领域也得到了广泛的应用。

■ 价格尾数的魅力

同样的商品，标价 4980 日元和 5000 日元，其销售情况截然不同。虽然只相差 20 日元，但人们心里会感觉 4980 属于 4000 多，比 5000 要少很多。

世界各国的商场都会用价格尾数的变化来刺激消费者的心理，只不过在欧美国家，价格尾数多用“9”，比如，1.99 美元。在中国和日本则多用“8”做尾数，这是因为在中国的文化中“8”是吉祥数字，而日本自古就受到中国文化影响的缘故。顺便再介绍一下，在打折的时候，卖家也会利用尾数的作用，比如 4.1 折，看起来好像折扣率很高的样子。

■ 星期四是事故多发日

也许不同的行业有各自的特殊性。以一般的企业为例，星期四这一天的事故发生率远高于其他日子。根据日本某地方劳动局关于建设劳动事故的统计数字，星期四发生事故的次数比其他工作日要高出 2.03 倍之多。

星期一是每周上班的第一天，员工比较紧张，工作起来小心谨慎。到了星期五，马上就是周末了，虽然大家已经很疲劳，但为了迎接欢乐的周末，还是会小心地工作。星期五的前一天——星期四，员工的身体疲劳感与精神上的松懈交织在一起，于是便形成了“危险的星期四”。

星期四是事故多发日。
哄当
星期一是每周工作的第一天，大家比较紧张。
加把劲啊！
星期五是工作日的最后一天，大家也会小心工作以迎接周末的到来。
嘿咻！
而星期四，员工们身体的疲劳感和精神的松懈交织在了一起，因此很危险……
但也有的企业，星期四很少发生事故。
听说贵公司星期四很少发生事故，特来采访一下。
啊？！
所以也不存在星期四特别松懈的问题。
因为我们从星期一开始就没什么干劲。

发展心理学

~ 人本应在妈妈的肚子里多发育一段时间 / 老幺都爱撒娇 ~

发展心理学，是研究人在成长过程中各个阶段的心理和行为的心理学。它主要以儿童的成长过程为研究对象，同时还研究从成年到老年的各个阶段的心理和行为。例如，从认知方面来看，要研究人从什么时候开始产生数字概念；从感情方面来看，要研究亲子关系、爱情关系对人的成长会产生什么样的影响。

■ 人本应在妈妈的肚子里多发育一段时间

马和山羊等动物，一出生就能站立起来；小袋鼠出生后，也是自己爬到妈妈的育儿袋里的。然而，婴儿出生后，不但不能站立，就连眼睛、耳朵等很多器官都还未发育成熟。很多学者认为，婴儿在出生后的一年时间里会迅速发育成长起来，但这一年本来应该是在母亲的子宫里度过的。瑞士生物学家波特曼将这种现象称为"生理性早产"。其中的原因可能是，人类最重要的器官"脑"在母体里得到了充分的发展，而为此付出的代价就是手、足等其他器官发育的滞后。

■ 老幺都爱撒娇

兄弟姐妹按照出生的顺序，性格有一定的倾向性。父母初次养育孩子时，由于缺乏经验，难免出现一些问题，这使长子、长女养成了能忍耐、懂事的性格。老幺是父母最小的孩子。首先，父母已经有了养育孩子的丰富经验，其次又会对最小的孩子疼爱有加。因此，老幺往往都比较任性、爱撒娇。此外，老幺多爱挑肥拣瘦，这也是由父母过度疼爱造成的。

兄弟姐妹一起成长，
在成长过程中，各自都扮演着自己的角色，
你是哥哥嘛。
这对性格的形成有着很大的影响。
长子、长女一般性格温和、懂事。
眼镜
眼镜
给我30日元，我帮你找。
老二一般比较任性，而且自信十足。
我要成为世界的王者！
老幺都爱撒娇……
喂我吃嘛，喂我吃嘛。
给我30日元，我喂你吃。
哥~哥~我的好哥哥！

犯罪心理学①

~ 蓝色防范灯可以降低犯罪率 / 模仿犯罪的心理 ~

犯罪心理学，以减少和抑制犯罪、改善罪犯人格为目的，是研究犯罪心理和犯罪行为的心理学。犯罪心理学研究的范围比较广泛，其中包括罪犯的行为、实施犯罪行为的心理过程、环境因素等，以及未成年人犯罪、不良行为的心理、犯罪与社会学等。

■ 蓝色防范灯可以降低犯罪率

在英国北部某个城市有一条商业街，那里的犯罪率居高不下。当地警察想了很多办法来解决犯罪问题，但都收效甚微。后来，市政部门把这条街原有的橙色街灯全部换成了蓝色街灯，结果奇迹出现了，犯罪率急剧下降。

经过分析，其中的原因主要有：首先，蓝色街灯在夜间照射的距离更远；其次，蓝色具有抑制人类本能冲动的心理效果。总之，蓝色街灯对抑制犯罪是有效的。在日本，最早采用蓝色街灯来减少犯罪的是奈良县警察局。根据蓝色街灯设置一年期间的数据统计，白天的犯罪率降低了 15%，而夜晚的犯罪率也降低了 9%。

■ 模仿犯罪的心理

不知道您是否听说过这样的事情，新闻中报道了某起案件之后，不久又发生了类似的案件。有人看到报道中的案件实施起来并不难，在得知罪犯还没有抓到时，他们也想模仿罪犯实施类似的犯罪行为。此外，也有人怀有一种与罪犯对抗的心理，心想：如果换作我，肯定比你做得好。于是，便模仿罪犯实施了犯罪行为。

模仿别人“银行账户诈骗”的罪犯，就抱有前一种心理；而模仿别人“在因特网上散布病毒”的罪犯，大多抱有后一种心理。尤其是在因特网上散布病毒或进行黑客攻击这种高技术犯罪的人中，很多人并不是真正怀有恶意，只是想满足自己的表现欲。他们是为了显示自己的计算机技术比别人高明，才实施犯罪行为的。这种犯罪往往有逐渐升级的倾向，让人深陷其中，欲罢不能。

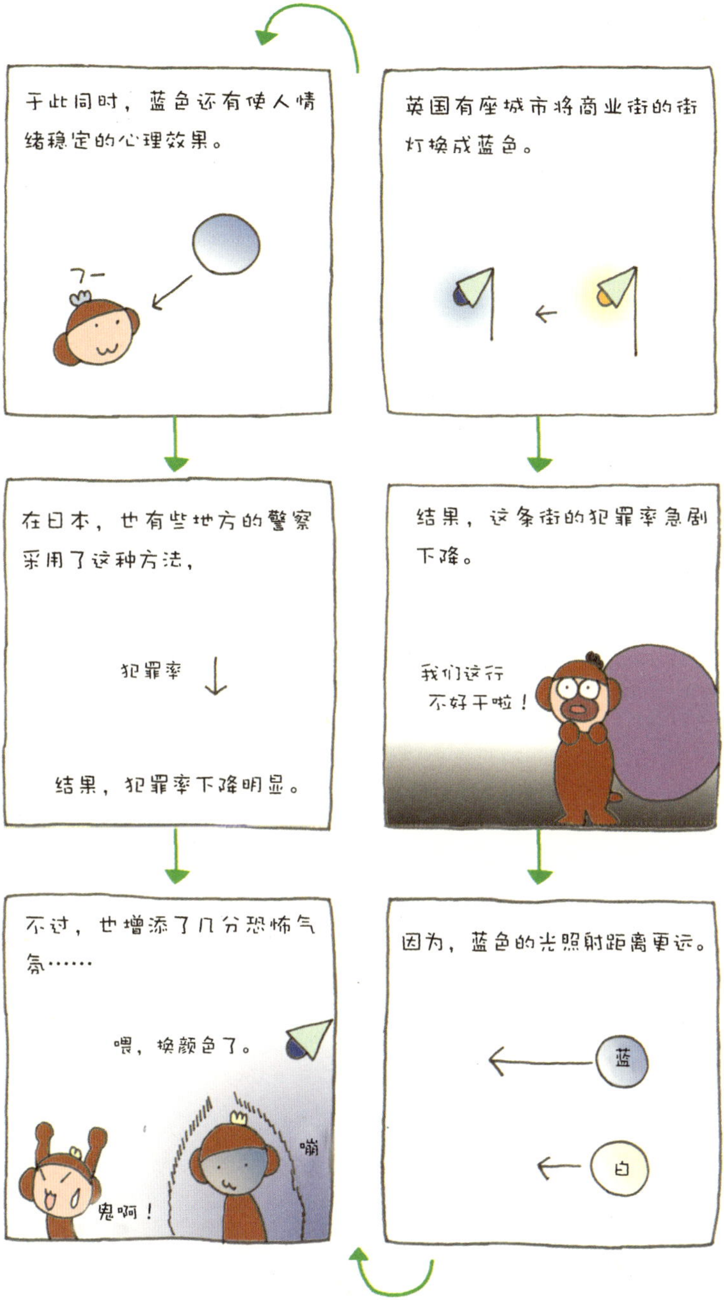
英国有座城市将商业街的街灯换成蓝色。
结果，这条街的犯罪率急剧下降。
我们这行不好干啦！
因为，蓝色的光照射距离更远。
蓝
白
于此同时，蓝色还有使人情绪稳定的心理效果。
フー
在日本，也有些地方的警察采用了这种方法，
犯罪率
结果，犯罪率下降明显。
不过，也增添了几分恐怖气氛……
喂，换颜色了。
嘣
鬼啊！

犯罪心理学②

~ 破窗理论·放纵轻微犯罪，就会导致犯罪泛滥 ~

■ 破窗理论

1969年，美国斯坦福大学的心理学家飞利浦·金巴尔德进行了一项实验。通过这一实验，他总结出人类行为的一些特点。

金巴尔德在纽约的贫民区布隆克斯区的街道上停了一辆汽车，将汽车的车牌摘掉并打开汽车的引擎盖后，他就离开了。结果，不到10分钟，汽车的蓄电池就被人偷走了。24小时后，车上所有值钱的东西被扫荡一空。后来，金巴尔德在中产阶级集中居住的加利福尼亚地区的街道上也停了一辆没有车牌、引擎盖大开的汽车。结果，一周之后，都没有人动过那辆汽车。然而，如果将车窗玻璃打碎一块的话，不管停在哪儿，很快就会有人偷走车上的东西。

还有一个类似的例子。一座大厦有一个窗子的玻璃破了，如果一直没有修理，周围的人就会觉得这座大厦没人管理。慢慢地，大厦墙面的涂鸦多了起来，内部也荒废了，最终成了滋生犯罪的温床。这就是说，如果对于轻微的犯罪置之不理，可能会导致犯罪行为的泛滥。

在这一理论的指导下，人们采取各种措施有效抑制了犯罪的发展。比如，美国纽约市交通局为了降低地铁中的犯罪率，用五年时间清除了地铁中的所有涂鸦。结果，地铁中的恶性犯罪案件大幅减少。1994年，纽约市长朱利亚诺学习了地铁中的成功经验，强化了对整座城市轻微犯罪的防范，结果使城市的犯罪率明显降低。20世纪80年代到90年代，纽约曾被冠以“犯罪都市”的恶名，经过朱利亚诺市长的治理，终于摆脱了这一不光彩的称号。

在日本的札幌，警方也采取了类似措施，加强对违章停车、轻微犯罪的治理，同样收到了良好的效果，恶性犯罪案件大为减少。

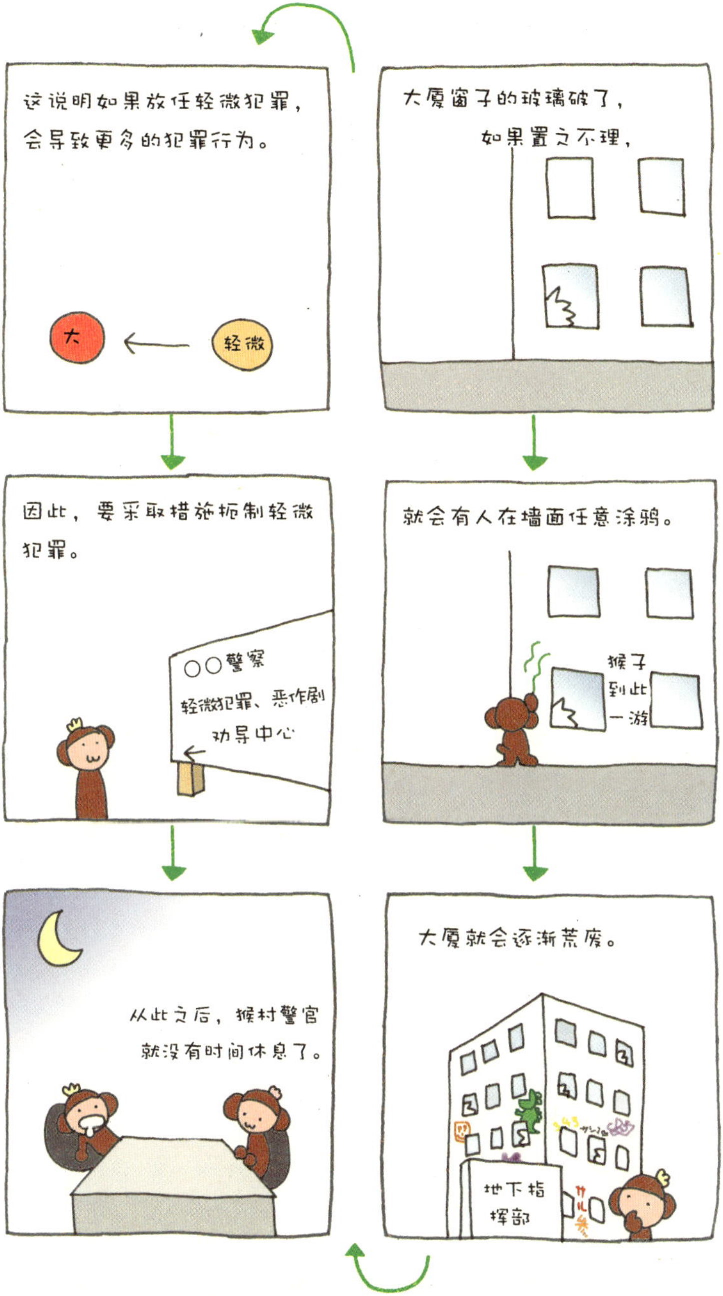
大厦窗子的玻璃破了，
如果置之不理，
就会有人在墙面任意涂鸦。
猴子到此一游
大厦就会逐渐荒废。
地下指挥部
这说明如果放任轻微犯罪，
会导致更多的犯罪行为。
大
轻微
因此，要采取措施扼制轻微犯罪。
○○警察
轻微犯罪、恶作剧劝导中心
从此之后，猴村警官
就没有时间休息了。

色彩心理学①

~ 蓝色汽车的事故率最高？/印象与产品颜色 ~

颜色具有不可思议的心理效果。比如，颜色可以让人对时间、重量、温度、大小和距离等产生错觉。正因为色彩具有如此特别的心理效果，很多企业利用颜色的特性来开发产品，医院利用颜色的特性营造有利于患者康复的环境，警察利用颜色的特性有效预防犯罪……可以说，色彩的心理效果在我们生活的各个领域都得到了应用。

■ 汽车的颜色与事故率的关系

据国外的统计数字显示，蓝色汽车发生事故的比率最高。蓝色是后退色，因而蓝色物体看上去的位置比它的实际位置偏后。因此，在汽车相对行驶的过程中，我们看到对面蓝色汽车的位置要比其实际距离远。感觉自己与蓝色汽车还有一定的距离时，其实已经非常接近了，因此经常发生事故。

不过，汽车发生交通事故是由一系列原因共同作用造成的，不能单凭颜色来断定。我们在开车时，只要意识到对面蓝色汽车的位置比实际位置近就可以避免类似的危险。

■ 印象与产品颜色

人的印象与产品的颜色有着密不可分的关系。比如，在日本一提到钢琴，人们大多会想到黑色的钢琴。实际上，不论从历史上来看，还是从世界范围来看，钢琴一般都不是黑色的，其实钢琴基本都为实木色。日本人之所以会认为钢琴基本都是黑色的，是因为受到了黑色豪华钢琴的影响。

在演奏会上，钢琴家身着黑色燕尾服，再配上闪亮的黑色钢琴的场景在日本人心中留下了深刻的印象。此外，在日本，黑色是“高级感”的象征，很多高端产品都喜欢使用黑色。我认为，黑色钢琴在日本的普及，与很多富裕家庭为了显示自身的品味而买来黑色钢琴摆在家里当装饰也有关。

色彩心理学研究颜色对人造成的影响，
研究人在不同的心理状态下，想要寻求什么颜色。
以企业的logo设计为例，
SARU
选择的颜色要给人一种良好的印象。
蓝色是诚实、守信的象征，
saru
The life together with a monkey
红色代表着热情、活力，
Saru
A monkey is the highest !
白色代表纯粹、真实，只有内心纯洁的人才看得见。
看……看不见。

色彩心理学②

~ 对颜色的喜好与性格的关系 ~

对于色彩心理学，我最感兴趣的要数人对颜色的喜好与性格的关系了。目前，很多心理学者都在研究这一课题。颜色与性格的关系不仅有趣而且非常实用，在人际交往中可以起到很大的作用。接下来，我根据多位色彩心理学者的研究成果，为您简要介绍一下颜色与性格的关系。

■ 喜欢黑色的人

喜欢黑色的人，大体可以分为两类。第一类是善于使用黑色的人，这类人精明干练，具有鼓动别人的能力。另外一类是利用黑色进行逃避的人，这类人很在乎别人的眼色，希望自己看起来高贵、神秘。

■ 喜欢白色的人

喜欢白色的人，大体上也可以分为两类。第一类是喜欢白色的人，这类人怀有远大理想，会朝着目标不断努力进取，而且这类人多是完美主义者。另外一类是憧憬白色的人，这类人虽然想吸引别人的目光，但又不想太显眼。

■ 喜欢灰色的人

喜欢灰色的人多是精干且富有同情心的人。他们善于关照、衬托别人，能很好地把握人际关系等各个方面的平衡。此外，喜欢灰色的人还善于减轻精神压力，希望过上平稳的生活。

■ 喜欢红色的人

性格外向的人有喜欢红色的倾向。喜欢红色的人充满活力，具有行动力，想好的事情马上就会付诸行动。这种人有话直说，不爱拐弯抹角，具有强烈的正义感，而且充满人格魅力。

■ 喜欢粉红色的人

喜欢粉红色的人，大多成长在富裕家庭中，性格很温和。他们憧憬美满的婚姻和幸福的家庭生活。也有人说，当女性坠入爱河之后，也会喜欢上粉红色。

■ 喜欢蓝色的人

喜欢蓝色的人不仅富有理性，感情也很丰富。他们做事非常认真，善于组织协调，而且深谋远虑。喜欢明亮蓝色的人，具有艺术气质，善于表现自己。喜欢深蓝色的人，则善于做重大决策。

■ 喜欢黄色的人

喜欢黄色的人好奇心强，热衷于研究。很多喜欢黄色的人都很有个性，在团队中总是核心人物。他们善于提出标新立异的想法，而且多是理想主义者。不过，他们也很容易产生厌倦心理。

■ 喜欢绿色的人

喜欢绿色的人社会意识较强，是和平主义者。他们待人礼貌、性格直爽。他们社交能力较强，但有时不太相信别人。喜欢绿色的人好奇心强，但不愿意自己率先采取行动，而是等待别人来召唤自己一起采取行动。

■ 喜欢蓝绿色的人

喜欢蓝绿色的人，具有很好的平衡能力，善于保持人际关系等各个方面的平衡。这样的人精明能干、具有大都市气质，不过对自己和别人的要求都很严格。他们听不进别人的意见，总是按照自己的想法行事。

■ 喜欢橙色的人

喜欢橙色的人具有良好的行动力，但本人并不这么觉得。这种人竞争心强，从不轻易服输。他们将喜怒哀乐都表现得比较强烈。喜欢橙色的人非常专注，一旦想做什么事情，就会坚持到底。

■喜欢紫色的人

紫色混合了红色的热情和蓝色的冷静。因此，喜欢紫色的人比较有个性，身上具有艺术家或演员的气质。喜欢紫色的人直觉比较灵敏。然而，正因为如此，他们有讨厌与人打交道的倾向。

■ 喜欢茶色的人

喜欢茶色的人内心拥有纯粹的精神，不易受外界的影响。他们心胸宽广，能成为别人的精神支柱。喜欢茶色的人适合从事与大自然相关的工作。

运动心理学

~ 棒球选手上场前为什么要围成一圈击掌高喊 / 足球守门员的精神压力 ~

在体育比赛中，有些项目对运动员的心理素质要求很高。运动心理学就是为了提高运动员的成绩而研究各种心理效果的心理学。以柔道和拳击等分级别的比赛为例，自己减轻体重降低级别，就会给对手造成巨大的心理压力。利用这种方法给对手施加压力，是运动心理学中常用的战术。此外，最近运动心理学研究的范畴已不仅仅局限于运动员的心理了，对于一般人的心理和行为也进行研究。

■ 棒球选手上场前为什么要围成一圈击掌高喊

在棒球、橄榄球、排球等体育比赛中，我们经常会看到运动员们在上场前围成一个圆圈、击掌高喊。采用这种方式，不仅可以统一运动员的思想，还能提高大家的士气。这叫做"psych up（做好精神准备）"，即为了迎接比赛，把运动员的紧张状态调动起来。这种行为可以起到一种"心理开关"的作用。

其实，这种行为的历史由来已久。早在日本战国时代，两军对垒时，在开战以前，武将们都会高举战刀高声呼喊："耶！耶！噢！"，这样做的目的就是为了提高士气，为战斗做好精神准备。由此看来，古人那时已经懂得运用这种心理效果了。

■ 足球守门员的精神压力

在巴西，有学者对137名职业足球运动员进行了一项心理调查，调查的是不同位置的球员承受的精神压力有何差别。结果显示，夜间比赛时，人的知觉容易出现误差，因此守门员承受的精神压力最大。此外，在足球比赛开始后的几分钟，守门员感到的精神压力也比其他球员大很多。由此看来，守门员肩上的担子比其他球员都要重。对于前锋来说，他们的精神压力来自于吃黄牌或红牌。一旦受到裁判的黄牌或红牌警告，将直接影响到下一场比赛他能否继续上场。

对于运动员来说，不仅要锻炼身体，还要锻炼心理素质。
嘿咻
心理
身体
想象训练、
哇！
第一名！
培养激情、
必胜！
以及赛前放松等都很有效。
嗯哼～
你听什么呢？
割草机的声音
嗡嗡

音乐心理学

~常听莫扎特的音乐能变聪明？/日本人的“绝对音感”~

听不同的音乐，心情也会随之产生变化。旋律、节奏、音调不同，音乐对人产成的影响也不同。音乐心理学研究的是人在听音乐或演奏音乐时的心理状态，以及人认知声音的原理等等。近些年来，音乐具有的治疗效果受到社会的广泛关注，对于音乐疗法的研究也取得了长足进步。

■ 常听莫扎特的音乐能变聪明？

1993 年，有位美国研究人员发表报告称，给学生听莫扎特的名曲，在短期内他们的考试成绩将有明显提高。这一报告在当时引起了极大的轰动，这一现象被称为“莫扎特效应”。

研究人员称，与其他作曲家的音乐相比，莫扎特的音乐中高频音较多，而高频音具有激发大脑活力的作用。当然，否定这一说法的科学数据也很多。因此，常听莫扎特的音乐是否真能使人变聪明，还是一个谜。某 A 先生就持否定意见，他曾向世人高呼：“听莫扎特音乐的人都是天才吗？这怎么可能？！”

■ 日本人的“绝对音感”

所谓“绝对音感”，是指把耳朵听到的声音用音阶来识别的能力。日本新泻大学的宫崎教授曾对日本大学音乐专业的学生和波兰音乐大学具有“绝对音感”的人进行调查。宫崎教授让接受调查的人做了一个音感测试。结果，日本学生中有 30% 的回答正确率在 90% 以上，而波兰人只有 12% 的回答正确率在 90% 以上。也许这么简单的一个测试并不足以说明什么问题，但我们推测日本人中具有“绝对音感”的人要比想象中多。

音乐心理学研究的是人在听音乐或演奏音乐时的心理状态。
最近，人们还用音乐来治疗疾病。
比如，古典音乐有助于烦躁不安的孩子稳定情绪。
据说音乐还能防止老年痴呆症。
老婆！饭做好了吗？
不是刚吃过吗？
嗯？
头发也长出来了。
晕！吹牛！

与老板斗、与同事斗、
与夫斗、与妻斗，
掌握心理学后都其乐无穷！

第六章

方便实用的心理学

（心理学应用篇）

我们研究心理学的最终目的还是要将其应用于实际生活中。在前面的章节中，我为大家介绍了各种各样的心理效应。在本章中，我将教大家把这些心理效应应用于实际生活的技巧。掌握了心理学，我们就可以做到知己知彼。可是，只停留在知己知彼的阶段、而不将其应用于实际的话，也毫无意义，丝毫体现不出心理学的价值。因此，希望大家在了解心理学的同时，还要学会使用心理学。

办公室实用心理学

~ 激励部下、后辈的方法 ~

是时代变了吗？还是我们自己成熟了呢？怎么总感觉公司的新进职员对工作没什么热情呢？他们似乎缺乏上进心；他们总是优先考虑自己的私事而非工作；一旦工作不顺心或遭到上司批评，马上就辞职不干了；他们从不勉强自己工作，很少能见到他们加班的身影……我认为这些都是由年轻人的成长环境造成的。他们大多在优越的环境中长大，从小很少遇到挫折，也很少受到严厉的批评。

要想激励这样的部下或后辈努力工作,还真不是一件容易的事。以往的“批评法”和“提醒法”,会因对方自身的性格特点而产生不同的效果。有的年轻人，批评太重了，就一蹶不振，说得太轻了，又当作耳旁风。其实，对一般人来说，表扬的方法更容易激发他们的工作热情。如果对对方抱以期望并将自己的期望告知对方，对方会主动朝着期望的目标奋起努力。这种方法比强迫对方努力工作的效果要好得多。这被称为“皮格马利翁效应”。

皮格马利翁是希腊神话中的塞浦路斯国王，他深深地爱上了自己雕刻的少女雕像。神被皮格马利翁对雕像的深情所感动,于是赋予雕像生命。在心理学中，用皮格马利翁的名字命名了期望成真的心理效应。这种心理效应对于激发部下和后辈工作的热情是非常有效的。因此，当您想批评部下、后辈时，不妨先忍一忍，换一种表扬、期待的口吻，也许更能促进其成长。

使用皮格马利翁效应的要点在于，不能只是口头的表扬和期望，而要发自内心地信任部下和后辈，真正地对他们抱以期望，只有这样才能激励他们努力工作。人有一种心理防卫机制，会担心部下、后辈辜负自己的期望，于是很多情况下上司从一开始就不信任部下。这样一来，怎么可能很好地激发起部下和后辈的工作热情呢？因此，说现在的年轻人不努力工作，年轻人自身存在问题是一个方面的原因，而另外一方面的原因则来自上司的心理防卫。

对部下抱以期望，
可以促进其成长。
部下会主动朝着上司期望的目标努力工作。
嘿咻
这就叫做“皮格马利翁效应”。
嘿嘿
加油！
你怎么又迟到了……不过我不生气，为了让你成长，我还是对你抱有期望的。
咯吱
嗨伊！为了不辜负领导的期望，我会努力的！
嗯！
@△×≈!
牛奶

办公室实用心理学

~ 使办公室气氛和谐的“维护（Assertion）法”~

根据皮格马利翁效应，上司应该多多表扬部下，并对部下抱以期望。然而，一味忍让、无原则地表扬，也绝非上司管理部下的良策。

接下来，我为大家介绍一种目前广泛应用于服务业和医疗事业的管理方法——“维护法”。这是一种“既尊重自己也尊重对方”的人际交往方式，与此同时它还是一种思维方式。换句话说，就是上司要理解并尊重对方（部下），并将自己（上司）想说的话充分表达出来，既不是一味地批评，也不是一味地表扬。在心理学上，这是一种非常优秀的人际交往技巧。目前，很多企业的管理者都在积极学习这一方法。

比如，部下在一个月之内，因为马虎犯了四次错。遇到这种情况，很多上司都难以抑制心中的怒火，会狠狠地批评部下一顿：“你是怎么搞的？这个月已经是第四次犯错了，以后给我小心一点！”然而，根据“维护法”，上司不要一上来就批评部下，而应该先提示部下犯错的原因（行为），然后再给他分析犯错的后果（影响），最后再将自己心中的想法（感情）传达给部下。于是，上司此时应该这样说：“你在提交之前没有认真检查（行为），才造成这样的结果（影响），我感到非常遗憾（感情）。”

也就是说，对于部下犯的错误，上司不应撕破脸皮大骂，而是要帮他分析原因和结果，并希望他以后能改正。这样一来，部下也明白了自己犯错的原因，知道以后该如何做，并把这次错误当作经验教训，在以后的工作中加以改进。

再比如，如果部下迟到了，上司不能再像以前那样，劈头盖脸骂一顿：“以后不许再迟到！否则的话……”此时，应该告诉部下迟到造成的影响和自己的想法。采用这种方式交流，由于是相互表达意见，也许有相互不赞同的地方，但不会发展到相互攻击的地步。也就是说，相互都让一步，才能得到最合适的结论。

有一种叫做“维护法”的人际交往技巧。
社长，资料忘带了。
啊？
社长不能感情用事。
你这个笨蛋！
而应先提示部下犯错的原因（行为），
拜托你整理的资料你没带来，
再分析错误导致的后果（影响），
我们就无法在会议上进行讨论。
然后再表达自己的想法（感情）。
这会让很多人都很失望。
尽管心里很生气……
社长，你对我太宽容了……

办公室实用心理学

~ 赞美上司的高明方法 ~

对公司的普通职员来说，与上司处好关系是非常重要的。上司对职员的评价主观因素居多。为了给上司留下好印象，职员有时会做一些平时不会去做的事情。心理学将这种现象称为“自我展现”或“印象操作”。因为与自己的切身利益息息相关，职员有时会对上司说违心的话、做违心的事，这就是所谓的奉承。比如，逢年过节时，特意给上司送些礼物，就是奉承的一种形式。不过，如果这种行为的频率太高，就没效果了。如果让上司看出你并非出自真心，还会适得其反。

电影和电视剧中的人物，一般一眼就能分清他们是好人还是坏人，但是在现实生活中，可没有那么容易让人看清的人。人性是复杂的，我们的领导、上司也是如此。因此，即使要奉承上司，也要有高明的方法。那么，什么才算高明的奉承方法呢？基本上，赞同上司的意见能让其非常开心。此外，如果能适时、适当地赞美他几句，效果就更好了。

1. 进行具体的赞美

举例来说，“您这双皮鞋真有型”、“您的皮鞋和裤子搭配起来真有型，而且颜色也能突显出您的气质”，以上两句话都是赞美上司的话，您觉得哪一句更好呢？当然是第二句，因为它从具体细节进行赞美，而且听起来奉承的意思也不那么露骨。因此从具体细节着眼进行赞美是非常有效的方法。

2. 赞美其意外的长处

这种方法强调的是意外性。当我们赞美上司时，不要选择那些人尽皆知的长处，而要善于发现上司身上不太引人注意的优点。有时，上司也会有意展示一下自己的“特殊才能”。如果得不到别人的赞美，那是多么尴尬的事情啊。因此，作为下属，我们一定要善于把握这样的时机。适当的赞美能让上司对你另眼相看。

3. 赞美的话要大声说出来

在赞美上司时，一定不能羞羞答答、遮遮掩掩，要清楚、大声地说出来，最好带点感动、激动的情绪。

公司有一个能说会道的职员，人称“甜嘴男”。
演讲太棒了。
猴子的人格
是，是吗？
不，我还差得远，还是部长您的演讲更有魅力，更打动人心！
有的年轻职员想模仿“甜嘴男”，对上司恭维一番……
糟糕？
您的领带真糟糕。
您的脸、脑袋也很糟糕。
呀呀！
呜——
呜——
静内县
结果，被调到偏远的山区工作……

办公室实用心理学

~与“生理性”讨厌的人相处的方法~

在公司中，如果没有众多同事的支持，我们很难把工作做好。然而，公司的同事中不可能全都很好相处，总有自己不喜欢的人，比如“喜欢背后说别人坏话的人”、“总把责任推卸给别人的人”、“部长的情人”等。对于这些人，我们讨厌他们都有明确的原因。还有一些人，我们自己也说不清楚到底讨厌他们哪一点，但就是“从生理上”无法接受他们。

所谓的“生理性讨厌”，到底是讨厌对方什么呢？也许是因为讨厌到了极点，都懒得去想到底讨厌对方什么。于是，为了图方便，就用“生理性讨厌”大体概括了。或者也许是反感对方的外貌，但又不好直接说，只能用“生理性讨厌”婉转地表达。

对于前一种“生理性讨厌”，即懒得去想讨厌对方的理由，从心理学来看，很多情况下，我们讨厌对方其实是因为自己身上也有同样的毛病。也就是说，我们讨厌自身的某些毛病，而对方恰巧也有同样的毛病，于是我们便会讨厌他。看到那个人，就会让我们想到自身的毛病，这种感觉您能理解吗？于是，我们索性放弃去想讨厌对方的理由，干脆用“生理性讨厌”来暧昧地概括。这其实也是自我防卫的一种——不追究讨厌对方的理由，也就不用去想自己身上的毛病。现实生活中，性格相似的父子或母女经常吵架，就是因为这个原因。

如果我们“生理性讨厌”一个人，对他的讨厌程度就会以加速度上升。想一想，如果不得不和这样的人一起工作，那将是多么痛苦的一件事啊。遇到这样的情况，我劝您冷静下来，仔细想想自己讨厌对方哪些地方。其实，对方身上的毛病，也许正是您自己身上的毛病。换个角度来想，我们讨厌的人也许就像一面镜子，可以帮助我们发现自己性格中的问题并加以改进。了解对方之后，除了讨厌的地方，也许还能发现你们身上有其他共同之处，拉近彼此的距离，说不定你们还能成为好朋友呢。不管怎样，我们首先必须进行自我暗示，敞开心扉寻找自身的问题，发现对方的优点，这样才能与他们建立真正良好的人际关系。

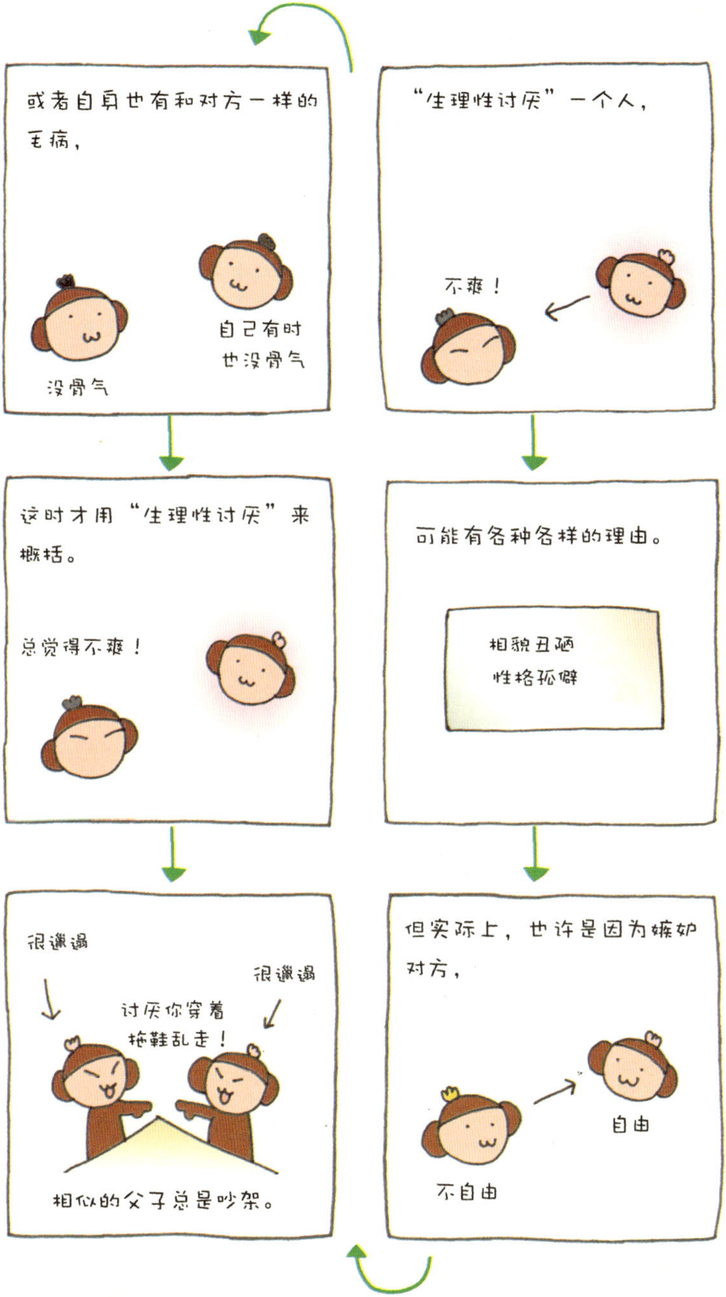
"生理性讨厌"一个人，
不爽！
可能有各种各样的理由。
相貌丑陋
性格孤僻
但实际上，也许是因为嫉妒对方，
自由
不自由
或者自身也有和对方一样的毛病，
自己有时
也没骨气
没骨气
这时才用"生理性讨厌"来概括。
总觉得不爽！
很邋遢
很邋遢
讨厌你穿着
拖鞋乱走！
相似的父子总是吵架。

办公室实用心理学

~ 演讲的技巧① ~

近些年来，不只广告公司和策划公司，很多公司的职员都要在公司内对客户进行演讲、演示。现在的演讲多用 Power Point 等软件进行辅助演示。要进行一场有说服力的演讲，内容好不一定能成功，重要的是给听众留下印象、吸引听众认真倾听。接下来，我将从心理学的角度出发，为您讲解演讲的一些技巧。

[准备篇]

进行演讲之前，我们都会紧张，甚至会产生恐惧感。如果演讲失败，该如何是好？心里一直忐忑不安。其实，事前准备得越充分，我们的紧张感就越少。现实工作中，一般给我准备的时间都很少，因此更要合理利用有限的时间。首先，准备演讲材料的时间必须充分。如果有多余的时间，再进行演讲练习。实际上，演讲并没有那么可怕，实际经历几次之后，也许您还会喜欢上在人前演讲的感觉呢。

1. 演讲时间的分配与构成

演讲前，必须考虑演讲内容的时间分配。整理的演讲材料，要在规定时间的 80% 左右陈述完毕。演讲材料一般分为导入部分、正题和总结等几个主要部分。此外，还要考虑把高潮部分放在什么地方，以及如何将演讲推向高潮等问题。我认为演讲的导入部分应该放一些吸引人的内容。根据“开头效应”，如果导入部分能给听众留下好印象，整个演讲都会给听众留下好印象。演讲材料整理好之后，至少要进行三遍以上的排练，并且要在规定的时间内排练完。这样一来，我们不仅可以修正演讲时间上的分配，还可以牢记演讲内容，从而增强自信，减少不必要的紧张感。

2. 1页材料需要的解说时间

使用Power Point软件一边演示一边讲解时，有人说1页的材料用3分钟讲解完比较合适。对于如今的年轻人，用3分钟去讲解1页资料，稍微显得长了一些。不过，如果时间过短，又不容易给人留下印象。因此，折中一下，用2~3分钟时间解说1页资料应该比较合适。

3. 演示资料的字体

连演示资料的字体都有讲究吗？是不是研究得太细了啊？其实，演示资料的字体，对观众的影响绝不可小视。在演示资料中，常用的汉字字体大体有两种，一种是黑体，一种是宋体。黑体字比较鲜明，给人的视觉冲击相对较大，容易被记住。宋体字则看起来比较舒服，适合较长的说明文字。演示资料中使用的文字一般都很少，因此用黑体比较合适。

4. 演讲者的穿着

在进行演讲、讲解时，不论男女，都适合穿深色的套装。首先，演讲者衣着整洁，会增强演讲的说服力，这是一种“光环效应”。此外，特别提醒男士要注意领带的颜色。红色等原色的领带，是热情的象征，演讲时有助于俘获听众的心。然而，进行解说时，红色过于吸引听众的视线，会让听众无法集中精神观看屏幕。因此，在解说时不宜带红色领带，还是选择其他较深的颜色为好。

[实践篇]

1. 声音的大小与语速的快慢

演讲时，有意识地提高音量是非常重要的。大声演讲有一种打动人心的力量，而且会让听众感觉可信度高。此外，演讲的语速也很重要。一个人平时说话的语速快，往往表明其性格中有争强好胜的一面，或者说他的竞争心比较强。然而，在演讲中，语速快并没有任何好处。演讲者应该用稍微缓慢的语速演讲，缓慢地、充满自信地大声演讲更容易打动听众的心。

2. 重要的部分要反复强调

这是欧美国家的政治家在演讲时经常使用的手法。重要的部分就要反复强调，听众反复听到后自然而然就会在脑海中留下印象。这也是根据记忆的原理帮助对方记忆的方法。听众在反复听的过程中，会使短期记忆转变为长期记忆。

3. 对听众要一视同仁

演讲时，我们的眼睛应该注视哪里呢？当然是听众的脸（眼睛）。此时，对所有听众一视同仁是非常重要的，这也是演讲的一个基本技巧。当我们知道听众中有一位有决定权时，就会不经意地在大部分时间里把目光都集中在那个人的脸上。这种做法非常不可取，不仅会使自己的意图过于露骨，还会引起其他听众的不快。此外，对所有听众一视同仁、不把目光集中在一个人身上，还可以发现听众对自己演讲的反应。比如，看到台下有人点头，我们就可以用目光与其进行交流。这种眼神的互动，可以使演讲的气氛变得活跃起来。

4. 善用停顿

善于演讲的人与不善于演讲的人，最大的差别就在于对“停顿”的应用。演讲就是说话，但对于听众来说，与说话相比，这不说话的“停顿”更能引起他们的注意。不知您是否遇到过这样的情况：当老师在前面讲课时，下面难免有同学思想溜号，低头想自己的事情，可是如果老师突然不说话，低头的同学会马上抬起头来，确认发生了什么事情。这就是停顿的作用。在演讲中，当我们要强调一句话的时候，最好在之前稍微停顿一下，把听众的注意力都吸引过来，然后再缓慢地、大声地说出来。这个方法的效果非常显著，不信您可以试一试。

5. “双面呈现”的效果

只阐述事物的优点或缺点，叫做“片面呈现”。既阐述事物的优点，又说明其缺点，就叫做“双面呈现”。当我们演讲的对象是知识分子时，最好采用“双面呈现”的方法，才能更有效地说服听众。比如，采用“优点——缺点——优点”的阐述方法，效果更好。

比如，有一家服装公司，营业科长想请设计师就未来的服装设计方法做一个演讲。在公司众多优秀的设计师当中，科长选择了一名刚进入公司不久的新人设计师。这是为什么呢？科长的回答令人深思。他说：“与优秀的设计方案相比，我们更想听到的是新人的‘热情’！”由此可见，“热情”的演讲，也许比内容优秀的演讲更易打动人。即使使用再多的心理学技巧，但如果没有真心投入的话，那演讲最多也就是语言的罗列，只能让听众感到枯燥乏味。因此，说到底，演讲时必须要用“心”和投入“热情”！

办公室实用心理学

~ 成为看起来有才能的职员① ~

前面我们已经学习了各种各样的心理效应和心理学技巧，但即使我们把所有心理学的技巧都用上，也不可能马上从新手变成有才能的职员。不过，要成为“看起来有才能的职员”，还是有办法的。

虽说是“看起来有才能”，但“看起来像蟹肉的鱼肉泥”与真正的“蟹肉”在味道上也没什么差别。如果能成为“看起来有才能的职员”，这种“形似”也能发挥它的作用，也许能帮助我们成长为真正有才能的职员。虽然“看起来像蟹肉的鱼肉泥”永远也不可能成为“真正的蟹肉”，但“看起来有才能的职员”只要通过努力，就可以成为“真正有才能的职员”。

■ 决定人外表形象的服装颜色

“光环效应”是一种强大的心理效应。如果自己外表漂亮，对方就容易对我们的背景做好的推测，对我们做出良好的评价。人的长相改造是有一定限度的，我们不可能依靠整容改变别人对我们的评价。那么，衣着、发型和化妆等就显得尤为重要了。

尤其是刚进入新公司、与新同事共事时，都想给大家留下良好的第一印象。根据“开头效应”，如果第一印象不好，将影响到别人对自己的整体评价。这时，服装的颜色就是一个非常重要的因素，尤其是男性的衣服与领带的搭配应该慎之又慎。西服套装与领带的不同搭配会传递出不同的信息。

例如，如果想给别人留下诚实可靠的印象，可以选择藏青色西装、白色衬衫和黑色小饰物等，相应地推荐选择同色系、大花纹的领带。藏青色的西装配以橙色的领带会给人一种明快、充满活力的感觉。黑色的西装配上黑色的领带，会给人一种压抑感。因此，黑色的西装不适合搭配黑色领带。如果想展现自己的热情和干劲，可以穿黑西装配红色领带。而对于女性来说，服装颜色的搭配不必像男士那样拘谨，可以活泼一些，但如果想营造一种清爽的感觉，一身白色衣服未免显得冷冰冰的，因此最好再搭配一些暖色调的配饰。

有能力的职员，对衣着搭配也很有见地。
真的吗？
亮灰色西装配粉色领带，
可以给人亲切、机灵的印象。
白色衬衫不打领带，敞开几颗扣子，
则显得非常性感。
暗灰色西装配红色领带，
可以展现自己的工作干劲。
适中的灰色西装配绿色领带，
请多关照。
可以展现出自己的组织协调能力。
会得到重用……
经理点名要见你！
好的。
怎么可能！

办公室实用心理学

~ 成为看起来有才能的职员② ~

■ 表情、说话方式

与初次见面的人交谈，与谈话内容相比，我们更注重对方的说话方式和表情等等。在说话方式上，我们应该稍微放慢语速，语调也要温和一点。至于表情，眼神非常重要。睁大眼睛微笑着注视着对方的眼睛说话，更容易打动人心。此外，当我们一边思考一边说话时，眼睛总是不自觉地往上看。这一点要特别注意，对别人说话时眼睛不能看着天花板。

■ 动作、姿势

谈话时，最好能加上一些手势，因为手势是人的第二表情。姿势也经常被人们忽略。近来，也许是伏案工作太多的缘故，很多人都有点驼背。与人谈话时，坐在椅子上驼背的样子真的很难看。因此，有这个问题的朋友应该有意识地注意一下。

■ 有效的自我展示

有意识地、主动展示自己，就叫做自我展示。自我展示又分为“战术性自我展示”与“战略性自我展示”。所谓“战术性自我展示”，包括“自我宣传”、“奉承”、“威吓”等，即在短时间内给对方留下的印象。“战略性自我展示”，则包括建立“威信”、“信任”以及获得“尊敬”等，即在较长时间内给对方留下的印象。

对个人成长而言，“战略性自我展示”能起到很好的作用。我们首先会给自己确定一个目标，比如“我要成为那样的人”或者“看起来是那样的人”，这样的目标可以促使我们努力。虽说是为了“展示”，但长期坚持的话，我们就会变成目标中的人。

■ 敞开心扉很重要

要成为“看起来有才能的职员”，首先就要获得大家的好感。注意，我们不只是“模仿”有能力的职员，因此不可故弄玄虚。要提升大家对自己的好感，敞开心扉、将自己的心理话说给大家听是非常有效的。有些人认为吹牛、说大话可以博得别人的崇拜，但那只是暂时的，总有被戳穿的一天。因此，一定要说真心话，才能让别人感到亲切。

姿势端正，给人一种诚实可靠的感觉。
立正！
有能力的职员，说话方式也有一套。
啪啦
啪啦
印象操作也很有效。
偶尔打扮性感一点
说话时，不能害羞，要看着对方的眼睛。
他老盯着我，要干什么？
我盯……
会得到重用……
来啦！
经理喊错名字了吧？
经理点名要见你！
如果视线移向其他地方，会让对方觉得你很无聊。
他是不是很无聊？
咦？

家庭实用心理学

~ 说服丈夫购买餐具清洗干燥机的方法① ~

在电器卖场，像餐具清洗干燥机、滚筒洗衣机、液晶电视机、多功能电饭煲、超静音吸尘器这样高性能、高价位的家用电器比比皆是。对于家庭主妇来说，每一样都有无穷的诱惑力。不过，虽然很想把它们买回家，但只要丈夫不点头，主妇们也不好自作主张。不过，我有说服丈夫的秘诀，家庭主妇们快来学习吧。

■ Foot in the door（登门槛）技巧（阶段性请求法）

如果直接要求丈夫买一台餐具清洗干燥机，大部分情况下都会遭到拒绝，在日本它算得上是几万日元的昂贵家用电器。这时，不妨尝试使用阶段性请求法。首先提出一个比较简单的请求，如果丈夫答应，再逐渐提出难度高的请求。这种方法在英语中叫做“Foot in the door”技巧，这个短语源于上门推销的推销员。推销员首先要敲开您的家门，然后只要有一只脚迈进您家的门槛，他就算成功了。接下来，他会逐渐向您推销各种商品。这也是推销高手常使用的技巧。

一开始，主妇可以以“减少家务时间”为由，向丈夫提出“购买一台1万日元左右的餐具干燥机”的请求。由于金额不算太高，丈夫一般都会答应。一旦丈夫点头，主妇再提出种种理由，比如“想为你做好吃的饭菜，但还是忙不过来”等，再请求“购买一台6万日元的餐具清洗干燥机”。这比一开始就直接提出这个请求的效果要好得多，更容易让丈夫接受。而人一旦做出某种承诺，就很难再拒绝了。使用这一技巧时，第一次请求的价格设定是关键。如果太高了，容易遭到拒绝，而太低了，又使后面的请求变得困难。如果想买的商品价格太高，也可以分三次提出请求。

买一套5千日元的餐具怎么样？
这个……
成功啦！
好吧。
还是买一台1万日元的餐具干燥机好了。
好吧。
干脆买一台6万日元的餐具清洗干燥机吧。
不行！
滋 滋
待续……
预告
下回决战
第三接待室

家庭实用心理学

~ 说服丈夫购买餐具清洗干燥机的方法② ~

■ Door in the face（留面子）技巧（让步性请求法）

如果登门槛技巧行不通，我们还可以采用别的技巧。首先提出一个肯定会被丈夫拒绝的大请求，遭到拒绝后，再提出一个价格较低的请求，这个请求一般都会被接受。举个例子，卖报纸的商家常常采用这一技巧，他们首先会劝说顾客订阅一年的报纸，如果顾客拒绝，他们再提出请顾客订阅一个月的请求。很多顾客都会接受后面的请求。这是因为，人在拒绝对方一次之后，多少会感到一点歉疚，于是会以接受其接下来的请求作为补偿。

我们再回到主妇买餐具清洗干燥机的案例上来，这次来采用让步性请求法。首先向丈夫提一个肯定会遭到拒绝的请求，比如，“买一台价值十几万日元的最新型的餐具清洗干燥机”，遭到拒绝后，再提出真正想买的“6 万日元的餐具清洗干燥机”的请求，并且要装出一副忍痛让步的样子。之前拒绝了妻子，现在又看到妻子让步了，丈夫心里的歉疚感会让他答应妻子的要求。

■ 双面呈现和片面呈现

想说服丈夫掏钱买“餐具清洗干燥机”，必须让他明白购买这台机器的理由。在前面介绍的演讲技巧中，已经提到过有两种呈现方法。一种是只强调优点的片面呈现，另一种则是优、缺点都讲的双面呈现。至于选择哪一种方法，就要根据丈夫的聪明程度而定了。如果丈夫很聪明，就选择双面呈现。只强调优点，反而会引起他的怀疑。如果丈夫不够聪明，那就用片面呈现法，只强调商品的优点就可以了。

妻子在研究下一次的作战方案。
心理学
先提出很大的要求，被拒绝后，再提出较小的要求……
心理学
Door in the face技巧。
好，就用它了！
最初，先提出大要求。
新出了一种超级餐具清洗干燥机，20万日元，
好啊！
买一台，怎…么…样？
难道她知道我中彩票了？
啊？他居然答应了，接下来我该怎么办？

在我们生活的世界中，有很多推销人员会专门劝诱善良的家庭主妇购买东西。稍微单纯一点的主妇，很容易就上他们的当了。为了不让善良的主妇们再上当受骗，我在这里为大家揭穿推销人员常用的一些伎俩。

■ 危险的限量销售

在各种各样的广告中，我们经常会听到“限量销售”的宣传。实际上，真正限量销售的比例很少。大多是想让顾客感到这种商品的“稀缺性”，让他们误以为过了这个村可能就没有这个店了，让其丧失理性赶快购买。

例如，“每位顾客限购两个”，这就是一种激发顾客购买欲望的策略。实际上，即使不限定购买数量，真正一次性购买三个以上的顾客也非常少。然而，有了数量上的限制，顾客会认为这是一种畅销商品，会纷纷前来购买。即使自己只需要一个，也会买上两个。

■ 赠品绝不是“免费”的

电视购物已经深入我们的生活。打开电视，您会发现很多频道都在播放购物广告。当电视中的推销人员介绍完商品的种种特性又公布了价格之后，有兴趣的观众就会开始盘算要不要打电话订货。就在这时，推销员会不失时机地补充一句：“还有赠品哟……”听到这句话，刚才还犹豫不决的观众，大多数已经决定要买了。

■ 网络商务能轻松赚大钱?

很多商务运营网站为了吸引到更多的客户，都大肆宣传网络商务可以轻松赚大钱。实际上，如果有能赚大钱的方法，谁也不会到处宣扬的。听了广告中的宣传、看了网络商务的运营模式，我们会感觉“这个生意看起来确实能赚钱”。其实，这在心理学上叫做“认知性不协调理论”，即人们会按照自己的愿望去解释一个事物。

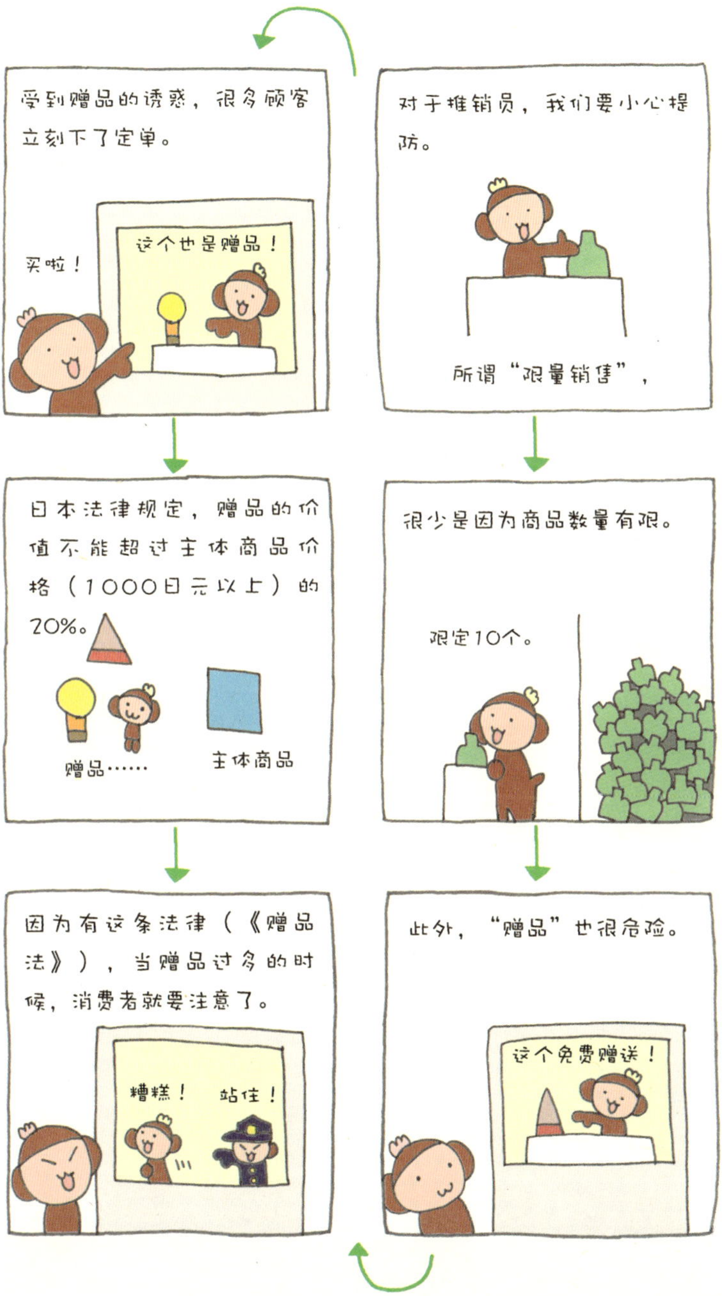

对于推销员，我们要小心提防。
所谓“限量销售”，
很少是因为商品数量有限。
限定10个。
此外，“赠品”也很危险。
这个免费赠送！
受到赠品的诱惑，很多顾客立刻下了定单。
买啦！
这个也是赠品！
日本法律规定，赠品的价值不能超过主体商品价格（1000日元以上）的20%。
赠品……
主体商品
因为有这条法律（《赠品法》），当赠品过多的时候，消费者就要注意了。
糟糕！
站住！

识破丈夫谎言的方法

~ 说谎的人总会表现出某种特征 ~

某一天，您突然觉得丈夫的言行举止很奇怪，是否怀疑过他撒了谎？在这个世界上，既有善于撒谎的人，也有不善于撒谎的人。然而，不管哪种人，只要他撒了谎，就会表现出某种特征。一般人们会认为，撒谎的人“容易从脸上表现出来”。因此，如果感觉对方可能撒谎，我们大多会从他们的脸上寻找破绽。事实并非如此，与脸部表情相比，手脚的动作更容易暴露一个人想掩盖谎言的心理。

撒谎的人也清楚别人会通过面部表情来判断自己是否撒谎，因此他们会特别注意掩饰自己的面部表情。实际上，除了一部分特别不善于撒谎的人，我们很难根据面部表情来判断一个人是否撒了谎。日本心理学家涉谷昌三先生就总结出撒谎的人的一些动作特征。

◎撒谎之后，人腿的动作会显得很不自然，有可能频繁地交换二郎腿的姿势，也有可能不停地抖动一条腿（撒谎之后，人会感觉极其不自然，总想从这个尴尬的状况逃离出去，而以上动作就是为了掩盖这种逃避心理）。如果对方做出这样的动作，我们就要小心了。

◎开始触摸自己的脸颊、耳朵等，尤其是摸嘴角的动作。在内心深出，撒谎的人也不想说谎，因此想把嘴巴遮住，不让谎言说出来。

◎撒谎的人担心对方通过自己双手的动作看穿自己的谎言，因而会把双手插在口袋里或者抱在胸前，总之就是想把双手藏起来。

◎撒谎的人在心理上不想多说话，但是因为害怕暴露，又担心对方因此看穿自己。于是，对于对方的提问，他们反而回答得很快。

◎“这个……”话语中不停出现停顿，或者做多余的解释。此外，根据个人的性格，有人撒谎时的回答会很简短，而有的人反而会变得话多起来。

◎目不斜视、直直地盯着对方说话，这也是撒谎的人怕对方怀疑自己而故做镇定的表现。

最近的人，即使撒了谎，也不会从脸上表现出来。
没去！
落光明磊状
又去赌钱了吧？
注意他们手的动作，是否开始摸脸颊、耳朵。
嗯。
真没去？
特别是摸嘴、下巴等动作，可疑性非常高。
真没去。
如果对方把手藏起来，那就看他的腿部动作。
呼
呼
如果腿动个不停，那肯定有问题……
呼
呼
但实际上……
我去啦
我去啦
果然如此
还有更有效的测谎方法……

夫妻之间防止吵架的技巧

~ 说出心里话，可以减少吵架 ~

夫妻在一起生活，磕磕碰碰是难免的，吵架也时有发生。当夫妻间产生矛盾时，关键是如何化解矛盾、避免吵架。可以说，避免吵架的技巧，也是夫妻间保持感情的秘诀。我们发怒其实是“不安”和“恐惧”的一种防卫反应或警告反应。

当人发怒时，体内会分泌出一种令人兴奋的荷尔蒙，它使人心跳加速、血压直线升高。当大脑察觉到这种变化后，会使人的愤怒程度进一步增强，让人感觉血液一下子涌上大脑。特别是夫妻之间吵架时，由于没有人劝架，双方都没有台阶可下，容易造成恶性循环，使双方的愤怒程度不断升级，以致用家里的物品出气，甚至还可能发展成家庭暴力。因此，这样做虽然可以发泄心中的怒火，但也容易演变为更大的愤怒。

那么，有没有办法可以避免或者解决夫妻间吵架的问题呢？也许有人会说，当发生矛盾时，夫妻双方都少说两句，冷静一下就好了。可是，如果把想说的话都憋在心里，不满会在内心淤积起来，对对方的不信任感也会累积。久而久之，这种不信任感会导致对对方完全丧失信任，这是婚姻最大的敌人。因此，产生矛盾时保持沉默并非防止吵架的好办法。

此时，我建议使用“维护法”，即将对方的所作所为和由此造成的危害以及自己的想法传达给对方。举例说明，比如丈夫回家太晚，妻子不要劈头盖脸就是一顿骂：“你怎么这么晚才回来？”这样做的结果大多都会引起一场不愉快的争吵。如果采用“维护法”，妻子应该这样说：“回来这么晚应该先打个电话回来（行为），晚饭我也白做了（影响）。本来想和你共进晚餐的，真遗憾啊！（感情）”。这样说，不仅可以表达自己的想法，还不带有攻击性，能够发挥警告的作用。实际上，发怒的目的无非也是警告。

夫妻感情好，大多是因为性格互补，但互补的性格也是两种不同的性格，因此产生不同的意见也是理所当然的事情。此时，说出自己的想法，并尊重对方的意见是非常重要的。记住，在表达自己想法的时候，不要忘记带上微笑。这样，您的话才更容易打动对方的心。

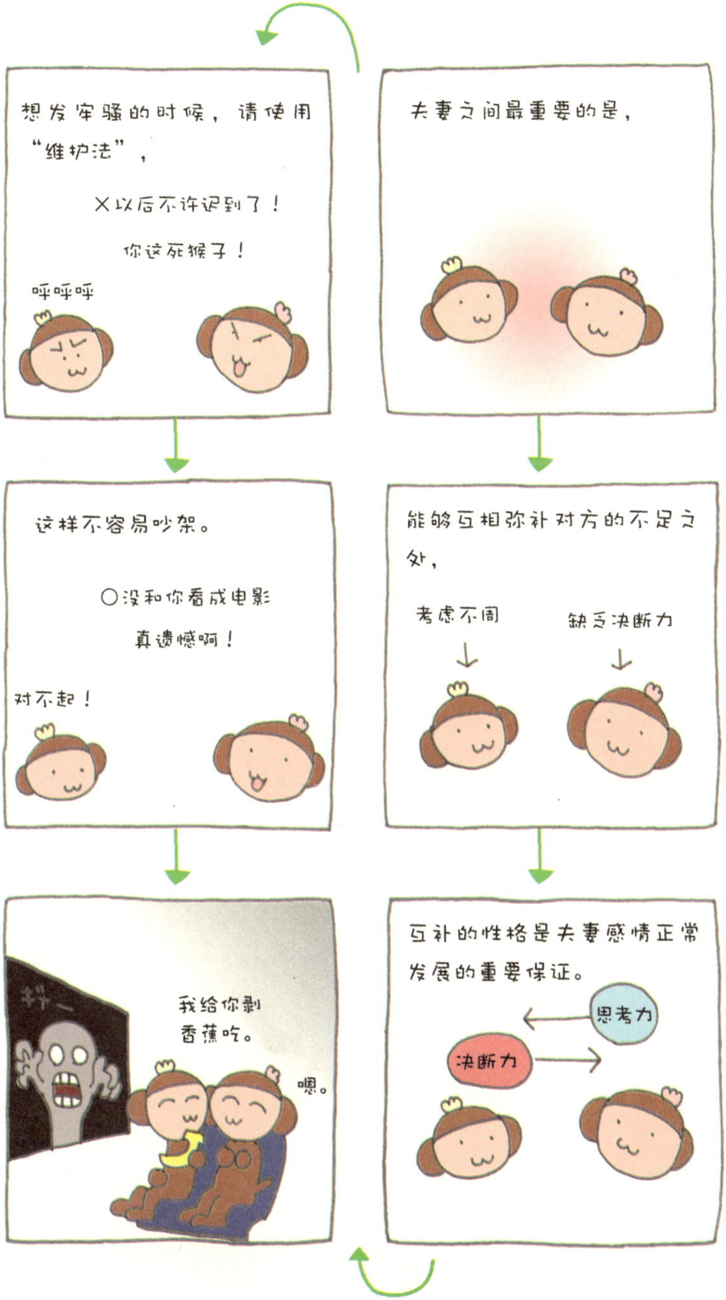

想发牢骚的时候，请使用“维护法”，
X以后不许迟到了！
你这死猴子！
呼呼呼
这样不容易吵架。
○没和你看成电影
真遗憾啊！
对不起！
我给你剥
香蕉吃。
嗯。
夫妻之间最重要的是，
能够互相弥补对方的不足之处，
考虑不周
缺乏决断力
互补的性格是夫妻感情正常发展的重要保证。
思考力
决断力

后记

人，是一种轻信的动物。不管以血型判断性格或星座占卜术是否准确，相信的人都有很多。只要其中有值得相信的因素，人就会去相信它。正是因为有这样的心理在起作用，很多居心不良的人专门利用人们轻信的特点进行犯罪活动。比如“银行账户诈骗”，大家都会对犯罪分子设下的圈套产生怀疑，但最终还是有很多人上了当。

同样，对于“心理学”，人们也是毫无防备就接受了。不过，虽然本书中介绍的各种心理效果都是经过实验得到证实的，但那些实验也并非百分之百可信。只要条件发生改变，实验的结果也会产生巨大的变化。

问卷调查也一样，调查的人、提问的方式不同，得到的结果也不同。问题的顺序、选择题还是问答题、选项的内容和顺序等都会左右问卷调查的结果。因此，问卷调查者只要稍微使用一点技巧，就可以根据自己的需要得到想要的调查结果。由此可见，实验也好问卷调查也罢，在相信之前都要进行仔细的研究和思考。实际上，人们一听到是“经过科学实验证实的结果”或“问卷调查的结果”，就会把它们当作“真理”来信奉。

此外，人还容易受表面现象和说话方式的影响。有研究表明，人在对事物进行判断时的依据主要有表面现象、说话方式和说话内容，但以上三项所占的比例不同，分别为“表面现象 55%、说话方式 38%、说话内容 7%”。由此可见，表面现象与说话方式对人的影响都很大。如果对方所说的话既可能含有褒义也可能含有贬义时，对方说话时的表情和说话方式就成了我们判断的基础。

比如，对方说我“体格好”，可能是说我“长得胖”，也可能是说我“健壮”。至于究竟是哪一种含义，我就得根据对方的表情和说话方式进行判断了。如果不说明前提条件的话，人们大多会依据“对方的表情和说话方式”进行判断，而不是依据“说话的内容”。然而，很多人或书籍，都是根据自己的需要使用各种数据。虽然这些数据可以作为参考，但因为听话人或者读者的立场不同，可能得到完全不同的解释。

本书前文介绍了克雷奇默尔根据体型分类性格的故事。实际上，克雷奇默尔做这项研究的初衷并不是分析人的性格，而是对患有心脏疾病的人进行倾向性分类，后来被人引申为性格与体型的关系。因此，希望大家不要不假思索地全盘接受，而要进行分析，所谓“尽信书则不如无书”说的就是这个道理。对于别人说的话或者书中的内容，我们只能作为一个参考。

每个人都有不同的心理倾向。了解了这一点，就能帮我们与周围的人和谐相处，使我们的生活变得更加丰富多彩。学习了心理学，能够更清楚地了解他人，而通过“他人”这面镜子，也能更好地了解自己，从而扬长避短，培养健全的性格。

心理学是一门既复杂又深奥的学问。正因为如此，它才非常有趣。在这本书中，样本猴们卖力地表演着，就是希望您能通过它们的滑稽表演体会到心理学的乐趣。

木瓜制造／原田玲仁

参考文献

《认知心理学的视点》 长绳久生著（NAKANISIYA 出版社 1997 年）

《认知心理学——探索知性的大厦》 道又尔他著（有斐阁出版社 2003 年）

《人性的心理学》 宫城音弥著（岩波书店 1968 年）

《梦的心理学》 罗萨林德·卡特莱特 & 林·拉姆巴克著（白杨出版社 1997 年）

《新订血型与性格》 大村政男著（福村出版社 1998 年）

《视觉的形成 2》 鸟居修晃·望月登志子著（培风馆出版社 1997 年）

《泪水——人为什么会哭》 威廉姆·H·弗莱二世著（日本教文社 1990 年）

《体育运动中的精神训练》 日本运动心理学会（大修馆书店 2005 年）

《大脑中的幽灵》 V·S·拉马钱德兰著（角川书店 2005 年）

《简单易懂的心理学》 涉谷昌三著（西东出版社 2007 年）

《超级图解心理学》 涉谷昌三监修（夏目出版社 2007 年）

《社会心理学教科书》 小林裕·飞田操编著（北大路书房 2000 年）

《大脑百科小词典》 川岛隆太著（技术评论出版社 2004 年）

《颜色的秘密》 野村顺一著（内斯克、文艺春秋 1994 年）

《色彩学解谜》 菲巴·必兰著，佐藤邦夫译（青娥书房 2003 年）

《通过颜色判断性格的测试》 菲巴·必兰著，佐藤邦夫译（青娥书房 2003 年）

《第一感觉“最初的 2 秒”总是正确的》 M·格兰德威尔著（光文出版社 2006 年）

参考论文／解说

DONALD G. DUTTON AND ARTHUR P. ARON, SOME EVIDENCE FOR HEIGHTENED SEXUAL ATTRACTION UNDER CONDITIONS OF HIGH ANXIETY,
University of British Columbia, Vancouver, Canada.

Harry McGurk and John MacDonald, Hearing lips and seeing voices. Nature,264,746–748,1976

“Face perception in monkeys reared with no exposure to faces”？
战略性创造研究推进事业小组型研究（CREST）/ 研究代表人：杉田阳 2007

不同位置的巴西职业足球运动员面临的精神压力
M Regina F. Brandao & Pedro Winterstein (Brazil) 1999

自我启发的魅力及效果（1）
中村雅彦 1986

新书抢鲜报

继《每天懂一点·色彩心理学》半年畅销30万册、《每天懂一点·好玩心理学》新鲜上市后，下期将推出同一作者第三部心理学作品——《每天懂一点·创意心理学》，它同样引爆了日本心理学话题热。

我们生活的世界中存在各种各样的商品，西装、家具、汽车、皮鞋、皮包……不管哪一种商品，其中必定包含着某种“创意”，换言之，每一种商品都是被人有意设计出来的。即使消费者不懂设计，当他们看到设计精美的商品时，也会赞不绝口，“好可爱”、“好漂亮”、“有个性”……那么，这些创意是怎样打动人心的呢？

本书选取生活中无处不在的创意，解读其中蕴藏的心理学，由此您将发现一个非常不一样的世界。如果能将“创意心理学”应用到生活中，那将增添更多的乐趣。希望大家读过本书后可以玩出更多创意！

本书中，那些头上戴花的猴子又来赶场表演了。您既可以先看猴子漫画再读解说，也可以读过解说后再看猴子漫画。希望它们的搞笑表演能够博您一笑，让您感受到心理学乐趣的同时，轻松学会创意心理学！

内容抢鲜阅

《每天懂一点·创意心理学》

认知的特性

干扰信息/斯特鲁普效应

我们可以不假思索、自如地运用语言。可是，如果加入一些不容易意识到的干扰信息，就会产生非常有趣的现象。

下面，我们来做一个有关干扰信息的有趣实验。首先，请您读出下列单词。

黄色	红色	绿色	蓝色	红色	绿色	黄色

应该很简单吧！那么，我们继续，请按顺序回答出下列圆点的颜色。

这个问题也很简单。就像您回答上一个问题一样，人可以在瞬间辨别出进入眼睛的文字或颜色。不过，请您继续往下看。请回答出下列文字的颜色。注意！不是文字所表示的颜色，而是文字的颜色。

绿色	红色	蓝色	绿色	红色	黄色	蓝色

与前两个问题相比，回答这个问题肯定多花了些时间吧。当文字的含义与文字的颜色不同时，人就要同时处理这两类信息。当这两类信息在大脑中相互干扰时，就会在一定程度上减慢人的反应速度。

"每天懂一点"
轻悦读书系①
拒绝乏味，拒绝没营养

日本最潮色彩使用说明书

日本亚马逊书店五星推荐持续热销2,600,000册

- 为什么快餐店不适合等人？
- 为什么蓝色汽车的事故率最高？
- 为什么铁道口横杆要用黄黑条纹？
- 为什么家教过严的孩子画画时多使用冷色？
- 为什么医生穿绿色的手术服其实会加大手术难度？

366个生动小例子，贴心揭示色彩妙用的秘密。
还有关于色彩力的趣味测试。

陕西师范大学出版社 荣誉出品 北京博集天卷图书发行有限公司策划